Alexander Lothar Röhm
Michael Losse

Kleine Ritterkunde

REGIONALIA
VERLAG

Abbildungsnachweis Cover

Vordergrund, großes Bild: Rüstung: Armure de chevalier, Fotolia (© Unclesam)

Bildleiste oben:
Ganz links: Sigismund Augustus of Poland, Statue 16. Jh., The Royal Armoury Stockholm, wikemedia commons (BurgererSF)
2. von links: Burg Kreuzberg (Altenahr, Eifel), Foto: Bruno Hof
2. von rechts: Rubens, Kaiser Maximilian I., Gemälde 1618, Kunsthistorisches Museum Wien, wikemedia commons (o.A.)
Ganz rechts: Médiéval Tentes, Fotolia (© MangAllyPop@ER)

Hintergrund, Elemente:
Schwert: Mittelalterliches Schwert, 12./13. Jh., wikimedia commons (Gladifer)
Ritter zu Pferd und Schild, Fotolia (© lynea)

Alexander Röhm
Michael Losse
Kleine Ritterkunde

Copyright © 2014 Regionalia Verlag GmbH, Rheinbach
Alle Rechte vorbehalten

Einbandgestaltung: Derek Gotzen für agilmedien, Niederkassel
Layout und Satz: paquémedia, Ebergötzen

Printed in Poland

ISBN 978-3-95540-138-2

www.regionalia-verlag.de

Danksagung von Alexander Röhm:

Frau Verena Döhler M.A., die als interessierte Erstleserin mit viel Gespür manche Ungereimtheiten korrigiert hat, ist großer Dank geschuldet. Besonders aber meiner Lebensgefährtin Frau Julia Obst kann gar nicht genug gedankt werden. Ihre stets ermunternden Worte, das große Verständnis für diese Arbeit und die zahlreichen Stunden der intensiven Auseinandersetzung mit einem fachfremden Thema sind nicht mit Gold aufzuwiegen.

Gewidmet sei dieses Buch meinen Eltern und Großeltern, die stets meinen eingeschlagenen Weg unterstützt haben.

Inhalt

Die Beiträge in diesem Band stammen von:

    Alexander Röhm: Kapitel 1 und 2 außer dort von Michael Losse: 2.2.4.5, 2.2.4.10 und 2.5 und zum Teil 2.3.2

    Michael Losse: Kapitel 3 bis 5 außer dort von Alexander Röhm: 5.1.1.1 und zum Teil 5.2.3

Vorbemerkung

Jede/-r meint heute, zu wissen, was ein Ritter ist bzw. war. Ritter sind in unserem Alltag allgegenwärtig, in Historienromanen (von denen wohl die meisten diese Bezeichnung kaum verdienen, da historische Gegebenheiten darin weitgehend außer Acht bleiben) ebenso wie in TV- und Kino-Filmen sowie in Computerspielen. Zudem veranstalten – so wirkt es fast – inzwischen fast jede größere Stadt oder Gemeinde, Gastronomen, Baumärkte, Kindergärten und Altersheime sog. Mittelaltermärkte, Ritteressen und ähnliche Events. Dabei wird nur selten versucht – und noch seltener erreicht –, ein reales Bild vom Mittelalter zu vermitteln. Beispiele gefällig? Ein Blick ins Kapitel 5.2.3 klärt auf!

Ritter und Rittertum waren jedoch tatsächlich – den meisten Menschen unbewusst – bis vor wenigen Jahren, und teils noch heute, in unserem Alltag präsent. Sei es in Redewendungen wie z.B. „etwas im Schilde führen", „in Harnisch geraten" oder „eine Lanze (für jemanden) brechen", sei es in gängigen Begriffen wie dem „Kavalier am Steuer" für den rücksichtsvollen Autofahrer, „Pedalritter" für Fahrradfahrer oder „Road Knights" („Straßenritter") für Motorrad-Clubs, etwa auf der Insel Rhódos in Griechenland, die 1307–1522 dem Johanniter-Ritterorden gehörte. Während der Begriff „Ritter" in einigen Szenen, darunter im (Heavy) Metal und in der Gothic-Szene, noch eine gewisse Bedeutung hat, sind die meisten der genannten Redewendungen und Begriffe inzwischen vom Aussterben bedroht.

In der Fliegerei finden sich bis in unsere Gegenwart auf das Rittertum verweisende Bezeichnungen. Für Jagdflieger des 1. Weltkrieges (1914–18), die mit ihren Flugzeugen vielfach noch Mann gegen Mann kämpften und teils adeliger Herkunft waren, wie der „Rote Baron" Manfred v. Richthofen mit seinem roten Fokker-Dreidecker, setzte sich die Bezeichnung „Ritter der Lüfte" durch. Und noch heute steht das internationale Kürzel der Fluggesellschaft Air Malta (aus der Republik Malta) KM für „Knights of Malta" („Ritter von Malta") – eine Reminiszenz an die Herrschaft des Johanniter-/Malteser-Ordens über die maltesischen Inseln 1530–1798. Zahlreiche weitere Beispiele ließen sich anführen, etwa aus der Werbung (z.B. Herold-Versicherung) oder anderen Bereichen des täglichen Lebens.

Mit dem hier vorgelegten, vom Regionalia Verlag initiierten Buch „Kleine Ritterkunde" legt der insbesondere auf (früh-)mittelalterliche Themen spezialisierte Historiker Alexander Röhm M.A. (er befasste sich in seiner Magisterarbeit mit den merowingischen Außenbeziehungen) eine Überblicksdarstellung vor, in der die Wurzeln der Ritter bzw. des Rittertums (antike und frühmittelalterliche Reiterkrieger) ebenso wie verschiedene Facetten des mittelalterlichen Rittertums authentisch dargestellt werden. Mir oblag in diesem Kontext die Aufgabe, einen Überblick über die wichtigsten (geistlichen) Ritterorden sowie Überblicke zur Rezeption mittelalterlicher Ritterideale in der Frühen Neuzeit (ca. 1500–1800) und der Neuzeit (nach 1800) beizusteuern, wobei der Bogen von der Rezeption des Rittertums in der Romantik und ihrer Nachfolge (Ende 18./19. Jh.) mit Ritterromanen und -sagen über die preußische Burgenromantik (ab 1815), die „Ritter der Lüfte" im 1. Weltkrieg (1914–18) und „Ordensjunker" als „Ritter" der NS-Zeit (1933–45) bis hin zu „Mittelaltermärkten", „Rittermahlen" und schließlich dem Ritterbild im (Heavy) Metal und in der Gothic-Szene der Gegenwart reicht.

Wegen des großen Umfangs der Thematik des mittelalterlichen Rittertums und seiner Kultur (u.a. ritterlicher Alltag, Fehde und Krieg, höfisches Leben und ritterliche Literatur) und der Breite der Rezeption vom 16. bis zum 21. Jh. konnten selbstverständlich nicht alle Einzelaspekte berücksichtigt werden.

↑ Straßburg, Frauenhaus-Museum: Ritter in Kettenhemd

→ Ritterschlag (Adoubement de Lancelot),
Buchmalerei, 15. Jh.

1 Einleitung

Ritter und Rittertum!
Ein Definitionsversuch

Was war ein Ritter? Das ist nicht einfach zu beantworten, zumal es im Laufe des über 1.000-jährigen Mittelalters und der Frühen Neuzeit (ab ca. 1500) zu weitgreifenden Änderungen kam. Wer das Wort Ritter hört, hat i.d.R. das Bild eines Mannes vor Augen, der in voller Rüstung auf einem Pferd reitet. Dieser „tapfere Recke" lebte auf einer Burg mit hohen Türmen und versuchte, durch Minnesang seine Angebetete zu beeindrucken. Doch hat dieses romantische Bild, das heute in Medien und auf „Mittelaltermärkten" präsentiert wird, kaum etwas mit der Realität eines Ritters zu tun.

Das Wort Ritter entstammt dem Mittelalter. Der erste Beleg in der deutschen Sprache findet sich mit dem Wort *ritern* im späten 11. Jh. Es steht in Beziehung zum italienischen *cavaliere*, zum spanischen *caballero*, zum französischen *chevalier* und zum englischen *knight*. Alle geben das lateinisch-römische Wort *miles* wieder. *Miles* bedeutet zunächst nichts anderes als Soldat. Da die römische Legion aber aus Fußsoldaten bestand – den berittenen Soldaten der Antike nannte man *eques* – und die Kavallerie eine untergeordnete Rolle spielte, sind hier die Wurzeln dieses Begriffs zu suchen. Erst mit der Änderung der Kriegstechnik im (Früh-)Mittelalter wurde der *miles* zu einem berittenen (Fuß-)Soldaten. Dabei ist der Begriff „Ritter" keinesfalls eindeutig: Zu unterscheiden sind das Amt, die Würde, der Stand und die Idee.

In der Spätantike wurde ein öffentliches Amt in Verwaltung, Kirche oder Armee als *militia* bezeichnet. Das *cingulum militiae*, der Rittergürtel, war als Würdezeichen mit diesem Amt verbunden. Aus diesem Grund wurde man im Hohen Mittelalter meistens nicht zum Ritter „geschlagen", sondern „gegürtet". Somit fußen die von spätmittelalterlichen Herolden verkündeten antiken Wurzeln des Rittertums auf einem nachweisbaren historischen Kern. Es gab jedoch keine Kontinuität vom antiken zum mittelalterlichen *miles*. Der Ritter stellte in der mittelalterlichen öffentlichen **Diensthierarchie** vielmehr eine neue Stufe dar, auf der man nicht unbedingt adelig sein musste, woran zu erkennen ist, dass es sich um ein Amt handelte.

Ritter war gleichzeitig ein mittelalterlicher **Titel**, der die durch ein Initiationsritual erfolgte Erhebung zum Ritter belegte und eine Unterscheidung von Standesgenossen darstellte. In römischer Zeit bestand das Ritual in der Übergabe des Gürtels, später gürteten Germanen zusätzlich mit einer Waffe, insbesondere mit einem Schwert (> Schwertleite). Ab dem 10. Jh. kam durch Schwertsegen, Bad, Einkleidung, Nachtwache und Fasten in der Kirche eine zusätzliche christliche Komponente zur Ritterweihe hinzu. Dieses Ritual wurde ab dem 13. Jh. durch den einfacheren Ritterschlag langsam abgelöst. Der Rittertitel, den man durch die Ritterweihe erlangte, sagte über den Rang in hoch- und spätmittelalterlichen Oberschichten nichts aus. Könige und Herzöge wurden ebenso zu Rittern erhoben wie später auch Freie, Juristen, Soldaten oder Bürger. Somit hatte der Adel urspr. mit der Ritterwürde nichts zu tun, doch es galt seit dem 13. Jh. als unwürdig, als Adliger nicht die Ritterwürde innezuhaben. Um sich von sozialen Aufsteigern abzugrenzen, entwickelte der alte Adel ein eigenes Standesbewusstsein. Die Unterscheidung zwischen „hohem" und „niederem" Adel war besonders im *Heiligen Römischen Reich (Deutscher Nation)* stark ausgeprägt.

Daneben kennzeichneten das Rittertum ein standestypischer Verhaltenskodex und ritter-

↑ Der Schenke von Limburg, als gerüsteter Ritter kniet er vor seiner Angebeteten; Buchmalerei aus: Manessische Liederhandschrift (Große Heidelberger Liederhandschrift, zw. 1305/15)

↓ Gerüsteter Ritter zu Pferde. Miniatur aus der Weingartner Liederhandschrift zu Stuttgart, Umzeichnung

liches Selbstverständnis. Darin vermischten sich die Ideen der unterschiedlichen gesellschaftlichen Herkunft zu einer neuen (lockeren) Einheit. So ist die Achtung vor einem gleichrangigen Standesgenossen, der sich denselben Normen verpflichtet fühlt, sehr hoch. Dabei spielte es keine Rolle, ob es sich um Freund oder Feind handelte oder welcher Religion er angehörte.

Daneben erscheint ab dem 12. Jh. der **religiöse Ritter** in den Quellen. Die bis dahin vorhandenen militärischen Implikationen wurden um christliche ergänzt. Dieser Typus des Ritters war bereit, für die Wahrung von Frieden und Recht, für den christlichen Glauben und die Kirche Kriegsdienst zu leisten. Die Verschmelzung weltlicher und christlich-religiöser Normen führte zu einem Gottesstreitertum, welches sich tief in das ritterliche Selbstverständnis eingrub. Kampf und Sieg in Gottes Namen brachten dem Ritter Ruhm und Ehre, selbst dann, wenn er im Kampf den Tod fand.

Ein Novum stellten der Schutz von Frauen und der Dienst an ihnen dar. Ein Ritter sollte lieben und dienen können. Daneben sollte er höfische Bildung haben, die ihn von einfachen Soldaten zusätzlich unterschied (und Ehre versprach). Überhaupt ist der Begriff der Ehre in stark hierarchischen Gesellschaften – wenn nicht sogar in allen Gesellschaftsformen – überaus wichtig. Ritter konnten auf unterschiedliche Weise Ehre erlangen, wie z.B. auf einer bewaffneten Wallfahrt (Kreuzzug), bei einem Turnier oder durch höfisches Verhalten, um nur einige Beispiele zu nennen. Der Ritter unterschied sich also vom einfachen Krieger durch weltlich-religiöse Normen und höfisches Verhalten zu Pferde, wohingegen die gesellschaftliche Herkunft keine Rolle spielte. Dieses Bild des Ritters war aber von Region zu Region sehr unterschiedlich und weist verschiedene Entwicklungen innerhalb Europas auf.

2 Die Geschichte des mittelalterlichen Rittertums

Um die Entstehung des Rittertums nachvollziehen zu können, muss man weit in die Geschichte zurückgehen, denn die Wurzeln sind im Kriegertum der „Grauen Vorzeit" zu suchen. In dieser zeitlich langen Periode vom (vor-)antiken Kriegertum bis zum hochmittelalterlichen Rittertum kam es zu Veränderungen und Entwicklungen, an der am Ende das mittelalterliche Rittertum stand.

2.1 Antike Wurzeln? – Kriegertum der Frühzeit und der Antike

Die Sesshaftwerdung der Menschen führte zur Bildung von Grundbesitz, diesen galt es gegebenenfalls zu verteidigen. Hier lagen die Wurzeln der Ausprägung von Wehrbauten ebenso wie die eines Kriegerstandes. Doch Krieg und Krieger gibt es seit vielen tausend Jahren, und dies scheint ein menschliches Phänomen zu sein, welches durch Selbstbehauptung, Rache, Hass und Beutegier genährt wird. Ausprägung und Intensität scheinen aber in verschiedenen Kulturen ganz unterschiedlich gewesen zu sein. Ethnologen vermuten, dass es in der Frühzeit noch keinen Kriegerstand gab und Krieg nicht omnipräsent war. Hingegen war Friede ebenfalls nicht der Normalzustand, denn er bezog sich meist auf einen kleinen Zirkel von Menschen (z.B. Verwandte, Freunde usw.). Zu Kriegen im heutigen Sinne kam es, als sich lose Gemeinschaften langsam zu größeren Gruppen und Völkern zusammenschlossen. Doch gab es anfangs keine professionellen Krieger, sondern nur Bauernkrieger. Diese zogen nach dem Konflikt wieder auf ihre Felder und Höfe zurück, und man kann noch nicht zwischen Kriegern und Bauern unterscheiden.

Erst in der Bronzezeit lässt sich in Europa eine Hierarchie oder Differenzierung im Sozialsystem der Gesellschaft finden. Nun gab es erstmals ausgebildete Krieger mit Pferden. Zuerst scheinen es Streitwagenfahrer gewesen zu sein, doch seit der Spätbronzezeit (Urnenfelderkultur, ca. 13. Jh.–ca. 750 v. Chr.) traten Reiterkrieger auf. In der Antike bildeten jedoch Fußsoldaten das Rückgrat der jeweiligen Armee. Die Reiterei spielte eher eine untergeordnete Rolle und wurde hauptsächlich zur Aufklärung und zum Transport

↑ Karolingische Reiterei. Illustration zu Ps 60 (Feldzug des Joab) in einer Handschrift des 9. Jh.

verwendet. Roms östliche Gegner, Sarmaten und Parther, verfügten hingegen über schwer gepanzerte Reiter (Kataphrakten); sie fügten dem römischen Imperium schwere Niederlagen zu. Aber erst als die großen Steppenvölker in der Spätantike Europa erreichten, begann das Römische Reich, seine leicht bewaffnete Reiterei zu schwerer Kavallerie (*clivanarii*) aufzurüsten. Tatsache ist aber auch, dass ein Reiterkampf ohne die stabilisierende Wirkung des Steigbügels damals überaus schwierig war. Erst mit den Awaren, die den Steigbügel nach Europa brachten, und den Ungarn, die ab dem 9. Jh. einen neuen Sattel und eine neue Zäumung entwickelt hatten, wurde der mittelalterliche Panzerreiter, wie man ihn kennt, möglich.

2.2   Mittelalterliches Rittertum

2.2.1 Das Frühmittelalter (bis um 1000)

Mit dem Untergang des Weströmischen Reiches um 475/80 ging das antike Berufssoldatentum zu Ende. Germanische Krieger traten an dessen Stelle. Neue Reiche entstanden in Europa, unter denen das Fränkische Reich (*regnum Francorum*) das bekannteste war. So entstand der Grundstock für das zukünftige Europa. Auch das mittelalterliche Rittertum hat hier seine Wurzeln. Mit der Völkerwanderung (der Wanderungsbewegung v.a. germanischer Gruppen in Mittel- und Südeuropa von der Zeit der Hunnen-Überfälle auf Ostmitteleuropa ca. 375/76 bis zum Eindringen der Langobarden nach Italien 568) und ihrer transformatorischen Wirkung auf die Spätantike und das frühmittelalterliche Europa entstand ein neues Sozialsystem. Der adlige Grundherr erlangte eine immer stärkere Position im Sozialgefüge; er nahm schlussendlich eine führende Rolle im Heer der frühmittelalterlichen Könige ein. Dadurch wurde der Abstand zwischen

Adel und freien Bauern immer größer. Zuvor waren die Franken in Stämme, Gefolgschaften oder Sippen organisiert, nun waren Größe des Besitzes, Herkunft und Privilegien (Königsnä-

↑ Rüstung eines karolingischen Panzerreiters (8./9. Jh.): experimenteller Rekonstruktionsversuch eines Schuppenpanzers, wobei Details des Panzers wegen fehlender Funde vorerst unklar bleiben

he) ausschlaggebend. Tatsächlich gab es aber keine strikte Trennung, denn es gab auch reiche Bauern und arme Adlige – eine Grauzone zwischen beiden Gruppen. Doch gab es eine große Gemeinsamkeit: Alle Freien waren Krieger und durften Waffen tragen.

Waren die fränkischen Merowinger (fr. 5. Jh.–751) noch mit einem Volksheer in die Schlacht gezogen, so kam es seit spätmerowingischer und frühkarolingischer Zeit zu einer Gewichtsverschiebung zugunsten der Reiterei. Der Grund ist in der Größe des expandierenden Frankenreiches zu suchen, insbesondere seit Karl Martell (um 688–741) und Pippin d.J. (Pippin der Kurze, 714–768, reg. seit 751). Die dadurch zurückzulegenden Entfernungen zwischen Siedlungsraum der freien Franken und den Kriegsschauplätzen am Rande des Reiches konnten Fußsoldaten immer schlechter überwinden. Da auch das ehemalige römische Straßennetz zunehmend verfiel und östlich des Rheins keine gut ausgebauten Überlandstraßen existierten, kam es zwangsläufig zu einer Änderung innerhalb des fränkischem Militärwesens, um weite Strecken bewältigen zu können. Zudem machten sich die immer größeren Distanzen, welche die Krieger zurücklegten mussten, auch in der Landwirtschaft negativ bemerkbar, sodass es im 8. Jh. zu einem raschen Schwerpunktwechsel von Fußtruppen zur Reiterei kam. Das allmähliche Vordringen des Steigbügels, welcher dem Reiter einen festen Sitz und eine bessere Handhabung von Schwert und Lanze ermöglichte, förderte diese Umwandlung zusätzlich. Für das Jahr 784 ist erstmals ein mittelalterlicher Reiterkampf bezeugt. Damit ging eine soziale Veränderung der Gesellschaft einher, da die Ausrüstungskosten enorm waren. Ein Pferd hatte einen Gegenwert von zwölf Kühen. Die Herstellung von Waffen und Ausrüstung muss mit 33 Kühen veranschlagt werden. Solche großen Investitionen konnte sich ein freier Franke kaum leisten.

↑ Fränkisch-karolingischer Fußsoldat. Umzeichnung einer Figur aus dem sog. Schachspiel Kaiser Karls des Großen

Nun wurde die Größe des Grundbesitzes in den Mittelpunkt gestellt. Alle Freien, die drei bis vier Hufen Land besaßen, waren zum Kriegsdienst verpflichtet. Die *pauperes*, Personen mit weniger als drei Hufen Besitz, wurden zu einer Gruppe zusammengefasst, von der ein Mann in den Krieg zog, während die übrigen sich anteilig um dessen Grundbesitz kümmerten. Es handelte sich hierbei meistens um leicht bewaffnete Reiter, die nun den Großteil des karolingischen Heeres bildeten. Personen, die zwölf Hufen oder mehr ihr Eigen nennen konnten, wurden dazu verpflichtet, einen Brustpanzer (Brünne) zu tragen. Sie bildeten die oft schlachtentscheidenden schweren Reiter, die

Karl der Große (König ab 768, Kaiser ab 800) besonders förderte. Das Problem lag aber darin, dass sich nur wenige diese teure Ausrüstung leisten konnten. Da dieser Teil der Reiterei taktisch und strategisch wichtig war, übergab der Kaiser Land als Lehen (*beneficiums*) an Freie, um diese dazu zu befähigen, sich die Ausrüstung zu beschaffen. Dadurch

Karl Martell

Auch wenn man Karl Martell nicht als klassischen Ritter bezeichnen kann, so gilt er doch als Vorreiter des Rittertums. Unter seiner Zeit als *maior domus* wurde eine professionelle gepanzerte Reitereinheit aufgestellt, die den fränkischen Fußtruppen weit überlegen war. Diesen Reitern wurde Land zur Finanzierung der sehr teuren Ausrüstung gegeben. Damit wurde ein wichtiger Schritt für das aufkommende Lehenswesen getan. Karl Martell selbst dürfte um 688/698 geboren worden sein. Er wurde von seinem Vater und *maior domus*, Pippin II. dem Mittleren († 714), nicht als Nachfolger für dieses Amt bestimmt, sondern sein Halbbruder Theudoald. Nach harten Kämpfen gelang es ihm aber, Hausmeier für das gesamte fränkische Reich zu werden. Jährlich wurden Feldzüge unternommen, um das Reich zu festigen und auszudehnen. So fanden Feldzüge gegen die Sachsen, Alemannen, Bay-

ern oder Friesen statt. Seine härteste Bewährungsprobe war aber der Kampf gegen die Sarazenen. 711 wurde das westgotische Spanien von den muslimischen Kämpfern fast gänzlich erobert, welche nun an der Südgrenze des spätmerowingischen Frankenreichs standen. Bei der Stadt Poitiers fand im Oktober eine entscheidende, leider oft stilisierte und überschätzte Schlacht statt, die es den Franken ermöglichte, große Teile des südgallischen Raumes wieder unter Kontrolle zu bringen.

In der Zeit, als Karl Hausmeier war, verloren die Könige der Merowinger immer mehr an politischer Macht und fristeten ein immer größeres Schattendasein. Karl urkundete als *maior domus* und war faktischer Herrscher des Reiches. Der Beiname Martellus (der Hammer) ist keine zeitgenössische Titulierung, sondern stammt aus dem 9. Jh.

Karl Martells Heeresreform legte einen wichtigen Grundstein für das mittelalterliche Rittertum (vgl. Angermann).

Feudalwesen

Als im 9. Jh. das fränkische Reich zusammenbrach, wurde der Trennungsprozess der Gesellschaft in Großgrundbesitzer und Krieger auf der einen Seite und unfreie, abhängige Bauern auf der anderen Seite verschärft. Um die Entwicklung besser verstehen zu können, sollte man sich das frühmittelalterliche „Staatswesen" als eine große Grundherrschaft bzw. eine große Ansammlung von Grundherrschaften vorstellen. Anders als heute spielte das Geld als Zahlungsmittel nahezu keine Rolle. Die Macht beruhte auf dem Besitz von Land, welches aber ohne eine Bewirtschaftung keinen Ertrag abwarf. Der König verteilte aus diesem Grund Land – und die darauf befindlichen unfreien Bauern – an ihm ergebene Personen (Vasallen), die wiederum die oft sehr großen Landflä-

chen unter deren Gefolgsleuten aufteilten. Als Gegenleistung wurden keine Abgaben von Naturalien verlangt, sondern Gefolgschaft, Treue, Rat und militärische Unterstützung. Durch dieses System wurde es nun möglich, die enormen Anschaffungskosten für die schwere Reiterei zu bewältigen. Mit dem langsamen Zerfall des Fränkischen Reiches im 9. Jh. profitierten insbesondere regionale Machthaber, die sich ihre auf Lebenszeit verliehenen Lehen nun als erbbaren Familienbesitz bestätigen ließen bzw. ihn sich aneigneten. Im beginnenden 10. Jh. bestanden die Heere Mitteleuropas fast nur noch aus Vasallen, welche von den Bauern auf ihrem Lehen ernährt wurden. Dies ermöglichte dieser Schicht, sich vorrangig auf den Kampf und die Ausbildung an Waffen zu konzentrieren, was zu einer Professionalisierung des Kriegswesens führte.

wurde dieses Lehen zu deren Lebensgrundlage und verpflichtete sie, in den Krieg auszurücken, wann immer der Kaiser sie rief. In den folgenden Jahrhunderten wurde es üblich, das Lehen mit Vasallentum zu verbinden, was aber zum Zeitpunkt der Heeresreform noch nicht absehbar war. Mit der Reform, die Kaiser Karl 807/08 einleitete, unterteilte er das fränkische Heer in die dienstpflichtigen Freien, ein allgemeines Aufgebot (nun an die Größe des Besitzes gekoppelt), und jene, die durch Lehen zum Kriegsdienst verpflichtet waren. Diese Trennung zwischen allgemeinem Heerbann und (vasallischen) Panzerreitern führte schließlich zum Rittertum.

↑ Fränkische Soldaten am Thron König Karls des Kahlen. Umzeichnung einer zeitgenössischen Darstellung aus der Bibel des Königs

2.2.2 Das Hochmittelalter (um 1000 – um 1250) – die „Blütezeit" des Rittertums

Mit dem beginnenden 10. Jh. setzte in Frankreich und Deutschland, den beiden wichtigsten Nachfolgereichen des Frankenreiches, eine Entwicklung ein, an deren Ende das Rittertum stand, doch waren die Entwicklungslinien unterschiedlich. Dennoch gab es zu Beginn des 10. Jh. einige Gemeinsamkeiten: Das Königtum war sehr schwach, und die Großen der Königsreiche bestimmten weitestgehend das Geschehen. Daneben gab es eine größere Gruppe des niederen Adels und nur noch wenige freie Bauern. Der Großteil der damaligen Bevölkerung bestand aus unfreien Bauern, die auf Grundbesitz des Adels lebten und arbeiteten.

Östlich des Rheins konnte nach dem Ende der Karolinger das sächsische Geschlecht der Ottonen (919–1024) die Königswürde erringen und die politischen und rechtlichen Verhältnisse stabilisieren. Die Könige westlich des Rheins schafften dies nicht. Ihr Wirkungs-/Handlungsbereich beschränkte sich hauptsächlich auf den Raum um Paris. Diese Schwäche der königlichen Macht führte zu zahlreichen Fehden zwischen großen und kleinen Potentaten. In diesem instabilen, rechtsfreien Raum kam es zu zahlreichen Übergriffen adeliger Soldaten gegen jedweden. Das Wort *raptores*, Räuber, findet sich in den Quellen der Zeit oft. Da das französische Königtum nicht in der Lage war, dem Treiben dieser Adeligen Einhalt zu gebieten, begann die Kirche, das Problem zu bekämpfen. „Gottesfriede" (*pax Dei*) wurde zum wichtigsten Schlagwort, um Privatkriege zu unterbinden. Unter Androhung der Exkommunikation sollte verhindert werden, dass unbeteiligte Personen, Gebäude oder Objekte zu Schaden kamen. Somit gelang es der Kirche, größeren Einfluss auf den Adel zu nehmen und ihm einen neuen Verhaltenskodex und Aufgabenbereiche (Verteidiger des Glaubens, Schutz der Schwachen, Witwen und Waisen) zu geben. Damit versuchte die Kirche, Macht und Potenzial des Adels zu kanalisieren, und übernahm damit Aufgaben, die im Frühmittelalter dem König vorbehalten waren.

Zum Durchbruch der Gottesfriedensbewegung kam es 1095: In Clermont rief Papst Urban II. den 1. Kreuzzug (1096–99) aus. Mit der Idee des Kreuzzuges bzw. der bewaffneten Wallfahrt war ein gemeinsamer Nenner gefunden, als *milites Christi* das militärische Potenzial nicht mehr gegen christliche Nachbarn zu wen-

↑ Kreuzritter (12. Jh.). Umzeichnung einer Darstellung im Westminster Abbey Psalter, spätes 12. Jh.

→ Wolfram v. Eschenbach. Buchmalerei aus: Manessische Liederhandschrift (Große Heidelberger Liederhandschrift, zw. 1305/15)

Adel und Ministeriale

Zu Beginn des Mittelalters gehörten zum Stand der freien Grundbesitzer außer dem **Adel** – dem König, Herzögen, Hausmeiern, Grafen und Bischöfen – auch freie Bauern. Daneben gab es Hörige und Unfreie. Im Fränkischen Reich existierten Gaue (*pagi*; Singular: *pagus*), innerhalb dieser bestanden Grafschaften – von Grafen (lat.*comes*, Graf) als königlichen „Beamten" geleitete Verwaltungseinheiten. Die Grafen hatten zivile (Verwaltung, Justiz, Friedenswahrung) und militärische Aufgaben (Heeresaufgebot). Als „Beamte" wurden sie vom König in ihr Amt eingesetzt. Anders als im Hochmittelalter konnte diese Stellung bis ins 10. Jh. nicht vererbt werden. Doch als das fränkisch-karolingische Königtum an Macht verlor, gelang es einigen hochadeligen Geschlechtern, das Grafenamt über mehrere Generationen für ihre Familie zu wahren.

Bis zum 11. Jh. entwickelte sich aus dem Adel/den Edelfreien der **Reichsadel**, den der König zu bestimmten Diensten heranzog. Mit der sukzessiven Inanspruchnahme von Hoheitsrechten und ihrer Weitergabe innerhalb einer Familie entstand eine kleine Gruppe von Dynastenfamilien, deren Angehörige in mittelalterlichen Urkunden *princeps* (Fürst) genannt wurden und die an der Spitze des Adels standen. Ab etwa 1180 existierte ein Reichsfürstenstand, seitdem konnten Grafen und andere Adelige nur noch vom König zu Fürsten erhoben werden. Um 1250 gab es 38 Fürsten im Reich. Kaiser Friedrich II. erließ die Fürstengesetze (1220, 1231), die einen Verzicht des Königtums auf einige wichtige Hoheitsrechte (Geleit-, Münz-, Zollregal) zugunsten der kirchlichen und weltlichen Reichsfürsten brachten. Auch das Befestigungsrecht mit dem Burgen- und Städtebau ging de jure vom König auf die Fürsten über.

Wichtige Träger ritterlich-höfischer Kultur in Deutschland waren **Ministeriale** – meist dem Stand der Unfreien entstammend –, die im Verwaltungs-, Kriegs- oder Hofdienst bei höherrangigen Herren standen und die, teils erst in folgenden Generationen, in den Adel aufstiegen. Nach-

dem in Urkunden urspr. zwischen Edelfreien (*nobiles*) und Ministerialen (*ministeriales*) unterschieden wurde, findet sich ab dem 13. Jh. zunehmend der Begriff *miles* (Ritter, Krieger) für beide. Die Grenzen verschwammen auch dadurch, dass häufiger Edelfreie in die Ministerialität eines Grafen oder Reichsfürsten eintraten, da ihnen der Dienst für einen Dynasten oder (Erz-)Bischof größere soziale Sicherheit brachte.

Mittelalterliche Burgen im heutigen deutschen Sprachgebiet waren meist Wohnsitze von Adelsfamilien, deren Herrschaftsbasis Grundbesitz/-herrschaft sowie Lehen bildeten. Burgen waren für sie Zentren ihrer Politik und Verwaltung, setzten Zeichen in der Landschaft, „besetzten" diese optisch und zeigten, wer das Land beherrscht. Landesausbau und herrschaftliche Durchdringung einer Region waren wesentlich mit dem Besitz von Burgen verbunden, die wichtige Mittel der Territorialpolitik sowie Wirtschaftszentren sein konnten. Jene Adelsburgen des 12.–14. Jh. mit markanten Türmen, die mit dem Begriff „Ritterburg" assoziiert wurden, markieren den Höhepunkt, fast schon das Ende der Architekturform Burg.

In den letzten Jahrzehnten gelang es der Burgenforschung, durch archäologische Ausgrabungen und Bauforschung ältere Vorgängerbauten solcher Burgen zu erkennen und damit die Entwicklungsgeschichte der mittelalterlichen Adelsburg und ihre Anfänge im 10./11. Jh. differenzierter darzustellen. Vorausgegangen war eine Abkehr von der beinahe alleinigen Betrachtung militärischer Aspekte und der äußeren Gestaltung der Burgen und eine neue Interpretation ihrer auch ideellen und symbolischen Funktionen sowie ihrer Bedeutung im jeweiligen geografisch-historischen Umfeld (Zeune 1996). Die Burgenkunde des 19. Jh. hatte mittelalterliche Burgen nicht selten als oft umkämpfte Wehrbauten interpretiert, die ihr Umland militärisch „beherrschten". Der ruinöse Zustand der meisten Burgen ist jedoch nicht auf Zerstörungen in Kriegen zurückzuführen – sie verfielen oder wurden in der (Frühen) Neuzeit zerstört oder gezielt abgebrochen.

↑ Walther von der Vogelweide. Buchmalerei aus: Manessische Liederhandschrift (Große Heidelberger Liederhandschrift, zw. 1305/15)

den, sondern gegen „Heiden" und „Ketzer". Mit dem großen Ziel, das „Heilige Land" (zurück-) zu erobern und zu verteidigen, begann dann die Zeit der geistlichen Ritterorden (s. Kap. 2.4.1). Gleichzeitig wurden durch Sündenerlass und das Bewusstsein, den Willen Gottes auszuführen, zusätzlich Anreize geschaffen.

In Deutschland hingegen entwickelte sich durch das starke Königtum eine Reihe neuer Mechanismen, von denen hier die Ministerialität am wichtigsten erscheint. Die Dienstmannen, **Ministeriale** genannt, waren urspr. Unfreie. Sie hoben sich aber durch persönliche Qualifikationen wie z.B. Tüchtigkeit, Geschick oder Intelligenz von anderen ab und stiegen in die Hausgenossenschaft (*familia*) eines Adligen oder Vasallen auf. Bald bekleideten diese Männer auch die Hausämter des Truchsesses, Mundschenks oder Marschalls. Seit dem 11. Jh. wurden Ministeriale vom König zum Kriegsdienst zu Pferde herangezo-

Richard Löwenherz

Richard Löwenherz ist eine der bekanntesten Persönlichkeiten des Mittelalters. Diese Popularität ist kein Zufall, sondern das Ergebnis gezielter Propaganda.

Richard kam als dritter Sohn König Heinrichs II. im Jahr 1157 zur Welt. Seit den 1170er-Jahren war er Herzog von Aquitanien und setzte seinen Anspruch beim dortigen Adel durch. 1189 bestieg er nach dem Tod seiner Brüder und einem Krieg gegen seinen Vater den Thron von England. Zwei Jahre zuvor schwor er, auf einen Kreuzzug zu gehen, nachdem Saladin die Heilige Stadt Jerusalem eingenommen hatte. Der Kreuzzug (1189–1192) scheiterte, und Richard segelte nach Europa zurück. Auf dieser Rückreise fiel er dem österreichischen Herzog Leopold V. bei Wien in die Hände. Richard hatte sich auf dem Kreuzzug nicht immer diplomatisch verhalten und sich somit einige Feinde gemacht. Einer von ihnen war Leopold V., der den Reisenden gefangen nahm. Erst 1194

kam er nach Zahlung einer sehr hohen Summe wieder frei. 1199 starb er bei einer Belagerung.

Auch wenn Richard nur knapp zehn Jahre auf dem englischen Thron saß, ist er bis heute eine legendäre Gestalt der Geschichte. Dass dies so ist, liegt an seiner gezielten Propaganda, die er schon zu seinen Lebzeiten in Gang brachte. So förderte er, wie schon sein Vater, Heldenlieder über seine Person, um sein Prestige und Ansehen zu erhöhen. Er wurde als Kämpfer, Gelehrter und ritterlichster Ritter verklärt, und die Geschichten wurden auch verschriftlicht. Um dieses entworfene Bild unter die Leute zu bringen, wurden Troubadoure eingesetzt, die von Stadt zu Stadt und Dorf zu Dorf zogen. Die Selbststilisierung gipfelte in seinem angeblichen Urahn Artus. Schon sein Vater hatte darauf Bezug genommen, Richard behauptete aber nun, er besäße das legendäre Schwert Excalibur. Diese Selbstmystifizierung als unbezwingbarer Ritter und Feldherr, die schon in der Frühphase seiner Herrschaft einsetzte, schaffte einen Mythos, der bis heute anhält.

← Die Burg Münzenberg in der Wetterau (Hessen) gehört zu den bedeutendsten und aufwendigsten stauferzeitlichen Burgen in Deutschland; sie entstand unter den Reichsministerialen v. Münzenberg Anfang der 2. H. des 12. Jh. Der Burgherr Kuno I. v. Münzenberg konnte diesen aufwendigen (seinerzeit unvollendeten!) Bau nur mit Einverständnis des Kaisers Friedrich I. Barbarossa im Kontext der Reichspolitik realisieren, welche die Wetterau zur *terra imperii* ausbauen wollte. Kuno diente als königlicher Kämmerer Kaiser Friedrich I. Die romanische Burg wurde im Spätmittelalter ausgebaut und erweitert.

← Epitaph des Ritters Hermann v. Harras (um 1400–1451) in der Thomaskirche zu Leipzig, vermutlich 15. Jh. Zahlreiche Grabdenkmäler wurden bereits längere Zeit vor dem Tod in Auftrag gegeben, viele waren farbig gefasst.

Das Epitaph (1,11 x 2,18 m) beschrieb der Kunsthistoriker Cornelius Gurlitt (1850–1938): „Der Ritter ist gerüstet mit einem Schallern, mehrfach geschobenen Barte, Brustpanzer mit zwei runden Schwebscheiben, hochgeschiftetem Bruststück, vollem Armzeug, halben Meuseln, gefingerten Handschuhen mit hohen Stulpen, Bauchreifen und angeschnallten Beintaschen, ganzem Beinzeug mit Ober- und Unterdiechlingen und Kniebuckelgeschiebe, spitzen Schuhen mit spitzen Sporen. Er trägt in der Rechten einen reich verzierten Streitkolben, am Gürtel ein Ledertäschchen und einen Dolch, an der Linken ein Schwert. Die Stellung ist ruhig, aber frei, der linke Daumen auf das Gehänge gestützt, der bartlose Kopf nach rechts gewendet. Die Füße stehen auf einem kauernden Löwen, neben diesem steht das Wappen mit meisterhaft gebildetem, geschlossenem Helm. Die tangartig gestalteten Helmdecken weisen auf eine Entstehung des Denkmals erst zu Ende des 15. Jahrh."

Die Umschrift lautet: „nach christ geburt m cccc li iare a unss libe fraue tag lichtwihe ist v'storbe Er herman von harras ritter de got gnade."

gen. Folglich waren diese Männer bemüht, sich adligen Lebensstandard zu schaffen – zuerst materiell, später auch habituell. Dennoch war ihre rechtliche Stellung oft unklar. Im Sachsenspiegel, ein von Eike von Repgow 1220/30 niedergeschriebenes Rechtsbuch als Aufzeichnung älterer Gesetze, sind sie nicht behandelt, da sie zu unterschiedliche Rechte hatten, je nachdem, wem sie dienten (*familia*, Kirche, Reich). Auffallend ist, dass sich besonders die Dienstmannen der Übersetzung und Weiterentwicklung französischer Romane, der Lieder der Troubadoure oder der Verbreitung des Kreuzzugsgedankens (inkl. kritischer Hinterfragung) annahmen. Wichtigste Vertreter waren Hartmann v. Aue, Wolfram v. Eschenbach, Walther von der Vogelweide und Rudolf v. Ems (s.u.). So kann man behaupten, dass die Kultur der Ritter besonders, aber nicht nur, von Ministerialen geprägt wurde, die auch den hohen und höchsten Adel übernahmen. Einigen dieser Ministerialen gelang es, Berater von Königen, Herzögen oder Bischöfen zu werden oder selbst hohe Ämter einzunehmen.

Ab Mitte des 13. Jh. begannen neuere Veränderungen innerhalb des Rittertums, welche die vorherrschende Ritterkultur beendeten.

2.2.3 Das Spätmittelalter (13.–15. Jh.)

Der Untergang des christlichen Königsreichs Jerusalem 1291 und das 60 Jahre zuvor begon-nene Interregnum in Deutschland führten zu starken Veränderungen des Rittertums. Für die höfische Kultur (s. Kap. 2.3) bedeutete dies, dass sie an den Höfen des Hochadels in Mitteleuropa an Wert verlor. Zusätzlich brachen Kämpfe innerhalb des Reiches aus. Die hohen Ministerialen, die unter den Staufern eine wichtige Rolle in deren Herrschaft gespielt hatten, waren nun auf sich selbst gestellt. Dadurch ging die höfisch-ritterliche, durch die Verbindung zwischen König und ministerialem Ritter geprägte Kultur zunehmend verloren. Gleichzeitig begannen Reichsministeriale

↑ Ritterliche Paare (13. Jh.). Stifterfiguren im Westchor des Domes zu Naumburg

↑ Epitaph eines Ritters in der Stiftskirche zu Kyllburg in der Eifel

in dieser Zeit damit, auf Königs- und Reichsgut Burgen zu errichten. Dennoch darf nicht vergessen werden, dass sie überwiegend Unfreie waren. Zwar trat die Unfreiheit im Laufe des Spätmittelalters immer weiter zurück – einigen Ministerialen gelang es, z.B. in Grafenhäuser einzuheiraten und diesen Makel zu überwinden –, dennoch war es kein Widerspruch, „unfrei" und „adelig" zu sein, obwohl es uns heute so erscheint. Im Spätmittelalter nahm das Rittertum die Charakteristika an, die wir heute mit ihm assoziieren.

Gleichzeitig kam es zu wirtschaftlichen Veränderungen. Hatten bis zum Hohen Mittelalter Naturalwirtschaft und Tauschhandel das Wirtschaftssystem dominiert, wurde nun Geld als Zahlungsmittel immer wichtiger. Dies stellte viele Ritter vor ein Problem, denn sie bekamen für ihre Dienste Landgüter, welche landwirtschaftliche Erträge einbrachten. Diese Erträge konnten aber kaum noch gesteigert werden; gleichzeitig stiegen die Kosten für die Ausrüstung. Auch Kleidung, repräsentative Anschaffungen und der Bau einer Burg sorgten bei vielen für Liquiditätsprobleme. Der Ritter durfte nun nicht mehr ausschließlich Krieger sein, sondern musste auch als „Manager" fungieren, wollte er sich im Spätmittelalter behaupten. Die Ritter zogen sich immer mehr auf ihre Güter zurück und überließen, falls es finanziell möglich war, das Kriegshandwerk dem aufkommenden Söldnertum. Zwar blieb die gepanzerte Reiterei bis ins 16. Jh. hinein die dominierende Waffengattung, doch fanden sich in ihr immer weniger Ritter. Diese suchten und fanden lukrativere und prestigeträchtigere Aufgaben in der sich ausweitenden Verwaltung, in Domkapiteln und Ratskollegien. Mit geschickter Heiratspolitik, dem Ausbau des eigenen Besitzes und Handel war es für die Ministerialen- bzw. ritterlichen Familien möglich, auch außerhalb des militärischen Bereichs mit dem Hochadel zu konkurrieren (vgl. Kap. 2.6: Niedergang).

2.2.4 Elemente ritterlichen Lebens im Mittelalter

2.2.4.1 Von der Wiege bis zur Bahre

Wie vieles im Leben musste die Ritterwürde durch harte Arbeit erlangt werden. Nur durch die Schwertleite bzw. den Ritterschlag wurde sie erlangt. Bis zu diesem Initiationsritual war ein langer Weg zurückzulegen. Schon von Kindesbeinen an wurde der Umgang mit Waffen und Pferd geübt, der Körper trainiert und höfische Zucht gelehrt. Die ersten fünf bis sechs Jahre dürften die unbeschwertesten im ritterlichen Leben gewesen sein. In dieser Zeit oblag die Erziehung noch den Frauen, und der männliche Nachkomme konnte durch Spielen seine Umwelt kennenlernen. Dazu gehörten auch Reiterpuppen. Danach begann der Ernst des Lebens. Der Junge verließ oft schon sechs- oder siebenjährig das Elternhaus, um als **Page** (auch Junker genannt) an den Hof des Lehnsherrn oder eines Verwandten zu gehen. Dies war gängige Praxis, da nicht in jedem Haushalt die Möglichkeit für die Ausbildung eines zukünftigen Ritters bestand. Gleichzeitig war der Hof des Lehensherrn eine wichtige Kontaktbörse, da hier die künftigen Herren einer Landschaft Freundschaften bilden konnten. Hier lernten sie den Umgang mit Pferden, Hunden und Falken – wichtig für die Jagd, eine Lieblingsbeschäftigung der Privilegierten.

Auch Bogenschießen, Faustkampf, Ringen, der Umgang mit der Lanze, Schwertkampf, Schwimmen und das Beherrschen des Pferdes mit und ohne Zügel waren wichtige Bestandteile der Ausbildung. Dabei wurden Waffen aus Holz benutzt, um die Verletzungsgefahr zu minimieren. Neben diesen zu erlernenden Fertigkeiten musste der heranwachsende Körper trainiert werden, um später den schweren Eisenpanzer tragen und darin kämpfen zu können. Neben dieser praktischen Ausbildung waren theoretische Inhalte zu lernen. So oblag es dem/den Kleriker/-n des Hofes, die angehenden Ritter nicht nur im christlichen Glauben zu unterweisen, sondern ihnen auch Grundkenntnisse in Lesen, Schreiben und Latein/Französisch beizubringen. Diese Fähigkeiten waren für Reisen oder in der Verwaltung, wo viele Ministerialen dienten, unablässig. Auch Umgangsformen zu Tisch oder mit edlen Damen wurden vertieft. Über die musikalische Ausbildung ist wenig bekannt, und es wird vermutet, dass nur wenige Ritter Leier, Laute oder Harfe spielen konnten.

Gleichfalls war die geistliche Haltung des angehenden Ritters sehr wichtig. So wurden Wertvorstellungen wie Demut (*diemüete*), Höflichkeit (*höveschkeit*), Zurückhaltung (*maze*) oder Treue (*triuwe*) und einige mehr vermittelt, welche die ritterlichen Tugenden ausmachten.

2.2.4.2 Knappenzeit

Die Knappenzeit begann zwischen dem 12. und 14. Lebensjahr. Der Begriff „Knappe" besaß im Mittelalter mehrere Bedeutungen. So konnte er einerseits einen jungen Mann (adliger Herkunft) bezeichnen, der noch kein Ritter war, andererseits einen Waffenknecht (niedriger Herkunft), der im Dienst eines Ritters stand. Aus diesem Grund ist es wichtig, die mittelalterlichen Quellen sehr genau zu analysieren, um diese Differenzierung zu erkennen. Nichtsdestotrotz muss man von einem fließenden Übergang vom Pagendasein zum Knappen ausgehen. Wichtig für die Jungen war der Umgang mit (Kurz-)Schwert, Schild und Lanze. Die hölzernen Übungswaffen wurden durch scharfe Waffen ersetzt. Der Knappe war nun auch bereit, seinem Herrn in den Krieg oder auf ein Turnier zu folgen. Ihm oblag es, die Waffen zu putzen, Lanzen zu reichen, Pferde zu striegeln und vieles mehr. Dadurch lernte der Knappe den richtigen Umgang mit und die Pflege der ritterlichen Ausrüstung. Vor der Schlacht half er dem Ritter, die Rüstung anzulegen, und brachte ihm vor dem Einsatz Schild und Helm, damit der Ritter nicht schon vor dem Kampf erschöpft war. Daher kommt der Begriff „Schildknappe". Falls sein Herr auf dem Schlachtfeld in Gefahr geriet, war es die Aufgabe des Knappen, ihm beizustehen und gegebenenfalls Ersatzwaffen herbeizuschaffen. Auch die Evakuierung des verletzten Ritters vom Schlachtfeld oblag dem Knappen. Daneben war es seine Aufgabe, den vom Herrn geschlagenen Ritter gefangen zu nehmen, denn das Ziel eines Kampfes war nicht die Tötung des Gegners, sondern seine Gefangennahme, um Lösegeld zu fordern. Da aber auch der Gegner meist einen Knappen hatte und dieser dieselben Aufgaben wahrnahm, kam es oft zum Kampf zwischen den Knappen. Daher war es wichtig, Knappen eine gute militärische Ausbildung zukommen zu lassen, denn von ihnen hingen Prestige und finanzieller Erfolg eines Ritters mit ab.

Aber nicht nur der Nahkampf z.B. mit Schwert und Schild wurde geübt; auch der Verbandskampf zu Pferd (*Buhurt*) oder das *Tjosten* (Anrennen mit Lanze) mussten stetig verbessert werden. Dies galt auch für die geistige Ausbildung (s.o.).

Einer der bekanntesten mittelalterlichen Dichter, Oswald v. Wolkenstein (1377–1445), berichtet ausführlich über seine Knappenzeit.

Die Ausbildung endete meistens im Alter von 21 Jahren. Nun wurde man entweder zum Ritter geschlagen oder blieb ein Edelknecht. Einen fachlichen Unterschied gab es nicht, denn beide trugen die gleiche Rüstung und hatten die gleiche Ausbildung genossen. Einziger Unterschied war die Schwertgürtung: Ritter durften ihr Schwert am Gürtel tragen, Edelknechte befestigten es am Sattelknauf.

2.2.4.3 Ritterschlag und Schwertleite

Der Initiationsritus der Schwertleite war ein Höhepunkt im Leben eines Ritters, denn da-

durch wurde er erst zum Ritter erklärt. Dabei stand die Umgürtung mit Schwert im Mittelpunkt der Feierlichkeit, welche als eine Auszeichnung wahrgenommen wurde. Sie besaß aber nie den Charakter einer Standeserhebung. „Leiten" bedeutet „Umgehen" und verweist darauf, dass die Person mit einem Schwert umgehen konnte.

Vermutlich ist dieses Ritual schon sehr alt, und die historischen Zusammenhänge sind in alten Adelstraditionen der Wehrhaftmachung zu finden, von denen schon der antike Historiker Tacitus (Publius Cornelius Tacitus, um 58–um 120) berichtete.

In der Karolingerzeit (ab 751) war es üblich, dem jungen Prinzen/König feierlich die Waffen zu übergeben – als Zeichen der Mannwerdung. Als Beispiel kann König Karl *der Kahle* angeführt werden, der 838 von seinem Vater Kaiser Ludwig *dem Frommen* mit dem Schwert umgürtet und so in den Kreis

↑ Die Gürtung des Ritters Roland mit dem Schwert; Buchmalerei um 1400

der Männer aufgenommen wurde. Im Anschluss an die Gürtung wurde Karl die Krone aufgesetzt und ein Teil des Frankenreichs übertragen; er besaß damit die selbstständige Handlungsfähigkeit.

Im hohen Mittelalter wurde die Wehrhaftmachung durch die Schwertleite assimiliert. Die Schwertleite hatte die Elemente der Wehrhaftmachung übernommen und durch kirchliche Inhalte ergänzt. Darin ist der wachsende Einfluss der Kirche zu sehen, der das Leben maßgeblich prägte. So fand der feierliche Tag der Schwertleite oft am Pfingstfest statt. An diesem Tag sollten die angehenden Ritter die christlichen Werte und Ideale erhalten, wie die Apostel den Heiligen Geist: Schutz jener, die sich nicht selbst schützen können (Schwache, Waisen, Witwen usw.), sowie der Kirche und des christlichen Glaubens.

↑ Ritterschlag Jeans II. Buchmalerei des 14./15. Jh.

Im Laufe der Jahrhunderte bildete sich ein Zeremoniell heraus. In Frankreich und England war es Brauch, dass der junge Mann am Vorabend der Weihe ein Bad nehmen musste – ein Symbol der seelischen Reinigung von allen Sünden. Danach musste er eine Nacht kniend und betend in einer Kirche verbringen. Dabei war er wie ein Mönch gekleidet, umgürtet mit Schwert, und hatte Sporen angelegt.

Aus dem Epos ‚Tristan und Isolde‘ des Gottfried von Straßburg († um 1215) erfährt man detailreich, wie eine Schwertleite vonstattenging: Tristan erhielt eine prächtige Kleidung, die durch ihre Farbe einen hohen Symbolcharakter hatte. Der weiße Gürtel versinnbildlichte Reinheit und Keuschheit, das rote Hemd Pflicht und Bereitschaft, sein Blut für die Verteidigung des Glaubens zu opfern. Danach begab man sich zur Messe, in der das Schwert gesegnet wurde. Auch ein Gelöbnis musste der Ritter ablegen und schwören, seine Macht für den Glauben und den Schutz von Witwen, Waisen und Schwachen einzusetzen. Nun legte der König Tristan die Sporen an, gürtete ihn mit dem Schwert und dozierte über die Ideale des Rittertums. Anschließend würden ein großes Festmahl veranstaltet und Geschenke überreicht. Ihr Können konnten die neuen Ritter nun auf einem Turnier zeigen. Das größte Fest dieser Art im Mittelalter dürfte vermutlich die Schwertleite der Söhne Kaiser Friedrich Barbarossas 1184 gewesen sein.

Der geschilderte Initiationsritus wurde im Laufe des 14. Jh. durch den Ritterschlag abgelöst. Dabei berührte ein Adeliger – seltener ein Geistlicher – mit der flachen Seite der Schwertklinge die linke Schulter.

2.2.4.4 Das ritterliche „Berufsleben"

Nach dem Initiationsritus begann für viele Ritter eine ungewisse Zeit. Vielen war es nicht vergönnt, ins persönliche Gefolge eines Herrn aufgenommen und dort unterhalten zu werden. Auch das elterliche Zuhause war nicht sonderlich erfreut darüber, den Ritter – eventuell mit Anhang – auszuhalten. So wurde der junge Ritter für eine „Ritterfahrt" ausgerüstet und in die Welt geschickt. Falls er Glück hatte, konnte er sich einer kleinen Gruppe junger Ritter anschließen, die sich auf dieser Fahrt gegenseitig schützten. Junge Ritter voller Tatendrang versuchten, in der Ferne auf Turnieren und Schlachtfeldern Prestige, Ruhm und Ehre zu erlangen. Viele hofften, durch Tapferkeit Fürsten zu beeindrucken und so eventuell ein Lehen zu erhalten. Auch die „Eroberung"

des Herzens einer (reichen) Dame konnte zu höheren Positionen führen. Sie versuchten oft, in Turnieren diesen möglichen Aufstieg zu erreichen. Dennoch darf nicht vergessen werden, wie hoch das Risiko war, dem sich die „jungen Wilden" aussetzten. Schnell waren die teure Ausstattung oder das Pferd verloren, wenn nicht gar Leib und Leben.

Auch auf dem Schlachtfeld ließen sich Ruhm und Ehre erringen. So waren Soldritter in den zahlreichen mittelalterlichen Kriegen und Fehden gern gesehen. Beute und Lösegeld waren überaus reizvoll und standen im Ein-

↑ Herr Wernher von Teufen. Der Ritter mit einer Dame auf der Falkenjagd. Buchmalerei aus: Manessische Liederhandschrift (Große Heidelberger Liederhandschrift, zw. 1305/15)

↑ Ulrich v. Liechtenstein. Buchmalerei aus: Manessische Liederhandschrift (Große Heidelberger Liederhandschrift, zw. 1305/15)

klang mit Prestigegewinn. Je weiter entfernt, je fremder das Land, je höher gestellt der Geldgeber war, desto höher war der zu erringende Ruhm. Im Spätmittelalter wurde die Ritterfahrt zum Bestandteil ritterlicher Ausbildung. Ritter konnten so nicht nur das Kämpfen weiter perfektionieren, sondern auch Sprachen (v.a. Französisch) lernen, ebenso höfisch-adlige Lebensart und Diplomatie. Da diese Fahrten oft Jahre dauerten, bedeute-

↑ „Ritterkämpfe". Umzeichnung eines Wandgemäldes in Newcastle, England

te dies, dass der Ritter spät nach Hause zurückkehrte. So heirateten Ritter häufig erst mit 30 Jahren oder später und übernahmen erst dann den elterlichen Besitz. Danach war es eine der ersten Aufgaben des Ritters, das Lehen vom Lehensherrn bestätigen zu lassen. Dabei wurden meist leibeigene Bauern, die auf dem Land sesshaft waren, mit übertragen. Jene mussten dem Ritter einen Anteil ihrer erwirtschafteten Erträge (sog. Zehnt, der aber tatsächlich deutlich über 10% betragen konnte) abgeben und Frondienste verrichten. Im Spätmittelalter wurde es häufiger, diese Leistungen in Geld abzuführen. Der Ritter war seinerseits dazu verpflichtet, seine Bauern zu schützen und Verantwortung zu übernehmen. Er musste bei Streitigkeiten zwischen Bauern als Gerichtsherr fungieren. Da aber ein Dorf oder Weiler meist mehreren Herren anteilig gehörte, kam es oft zu mühsamen Verhandlungen zwischen den Parteien.

Der Ritter war seinem Lehnsherrn zum Kriegsdienst verpflichtet. Er musste ihm für eine bestimmte Zeit (im Sachsenspiegel sind z.B. sechs Wochen erwähnt) zur Verfügung stehen. Falls eine militärische Auseinandersetzung länger dauerte, musste er den Ritter für die zusätzliche Zeit bezahlen.

Krieg blieb für den Ritter im ganzen Mittelalter der Lebensmittelpunkt. Da fast immer irgendwo ein Krieg oder eine Fehde, aber auch ein Turnier stattfand und man für diese Auseinandersetzungen militärisches Personal brauchte, konnte sich der Ritter durch Bezahlung, Beute und Lösegeld seinen teuren Lebensunterhalt zusätzlich finanzieren. Dies änderte sich langsam im Spätmittelalter. Posten in der Verwaltung (z.B. als Amtmann auf einer bischöflichen Burg), Pfründe der Domkapitel, Stifte oder Klöster wurden immer attraktiver, da man sein eigenes Leben nicht mehr aufs Spiel setzen musste. Auch der Ausbau der Ländereien wurde immer wichtiger für ritterliche Familien, um so die steigenden Kosten auszugleichen.

↑ Grabdenkmal des Philip Pot (†1493) von Antoine Lemosturier im Louvre zu Paris (Umzeichnung). Der Verstorbene ist liegend in voller Rüstung dargestellt.

Nach Andreas Schlunk und Robert Giersch lag die durchschnittliche Lebenserwartung eines Mannes im Mittelalter bei 47 Jahren (ohne Kindersterblichkeit), was bedeutete, dass schon früh Vorkehrungen für die nächste Generation getroffen werden mussten. Der älteste Sohn erbte meist den gesamten elterlichen Besitz. Den Nachgeborenen wurde, falls möglich, ein eigener Haushalt ermöglicht, oder sie mussten eine kirchliche Laufbahn einschlagen. Der Bau einer Burg blieb ein schwieriges Unterfangen, das nur selten verwirklicht werden konnte, sodass häufig mehrere Generationen unter einem Dach lebten. Der alte Ritter blieb trotz Übergabe des Besitzes an seinen Sohn immer noch eine wichtige Person innerhalb der Familie, besonders dann, wenn der Sohn im Feld stand oder auf Turnieren focht. Viele zogen sich aber in ein Kloster zurück, um dort „ihre letzten Tage" zu verbringen. Durch Schenkungen an das Kloster konnte man sich dort einkaufen und seinen Lebensabend verbringen. Somit hatte das Kloster für eine ritterliche Familie nicht nur einen spirituellen Charakter, sondern auch die Funktion eines Altenheims mit Vollpension.

Auch das Vergessenwerden war im Mittelalter ein großes Thema. Man wollte der Nachwelt im Gedächtnis bleiben, was bis heute ein fundamentales Bedürfnis im menschlichen Denken und Handeln ist. Der Tod war im Mittelalter allgegenwärtig, gleichwohl war die Sorge um die Seele ungemein groß. Wer konnte, ließ sich im eigenen (Haus-)Kloster oder in der eigenen Kirche beerdigen. Aus diesem Grund war die Grablege, die Grabstätte höhergestellter Personen, von großer Bedeutung, um diesem Vergessen zu begegnen. Man versuchte durch eine Separierung der Grablege Exklusivität zu erreichen. Diese wurde durch spezielle Grabreihen auf Friedhöfen, Grabkirchen oder Gräber an exponierter Lage in Kirchen erreicht. Hinzu kam, dass diese Grablegen meist durch geistliche Gemeinschaften betreut wurden. „Innerhalb der kollektiven Grabstätte eines Geschlechts oder einer Amtsträgergruppe konnte der einzelne Grabplatz durch bestimmte liturgische Leistungen zum Totengedenken und aufwendige Grabdenkmäler ausgezeichnet sein" (LexMA 4, Sp. 1629).

Die meisten Steinsärge des frühen und hohen Mittelalters waren sehr einfach. Die Grabplatte besaß nur sehr wenige Ornamente, z.B. ein Kreuz und ein Schwert. Später folgten Namen und Daten, Wappen und farbige Ausgestaltungen. Da diese Gräber aber im Boden einer Kirche eingelassen waren, mussten die Grabplatten relativ flach sein. Seit dem 13. Jh. wurden aus den flachen Gräbern immer größere Grabdenkmäler, sog. Tumben. Nun war es möglich, plastische Darstellungen herzustellen, die für eine langfristige Erinnerung eine sehr gute Projektionsfläche boten und den Ritter auch nach dem Tod unvergesslich machten, wie viele Epitaphien-Bildnisse des Spätmittelalters und der Frühen Neuzeit.

2.2.4.5 Der ritterliche Alltag

In hochmittelalterlichen Schriftquellen und Ritterromanen ist eher vom Besonderen als vom Alltag auf Burgen zu lesen. Daher ist die Wissenschaft primär auf archäologische Funde, Baubefunde etc. angewiesen, um ein annäherndes Bild vom ritterlichen Alltag zu gewinnen. Die folgenden Ausführungen beziehen sich v.a. auf den **Alltag auf Adelsburgen im Hoch- und Spätmittelalter**.

Eine kleinere Adelsburg wurde meist von einer Familie und einige Bediensteten bewohnt; die Bewohnerzahl war gering, nicht mehr als 15, oft weniger als zehn Personen. „Die mittelalterliche Adelsfamilie war den überlieferten Quellen zufolge meist eine Kleinfamilie, im Durchschnitt umfasste sie die Eltern und maximal vier Kinder, da viele Kinder [bis zu 50%] infolge unzureichender Ernährung, mangelnder medizinischer Versorgung und Hygiene bereits im Säuglings- oder Kleinkindalter starben" (Grebe/Großmann, 142). Bei ihrer Untersuchung über Burgen in der Schweiz fanden Boxler/Müller (1990) heraus, dass fünf bis acht Kinder nicht selten waren. „Zur Familie des Burgherrn kamen möglicherweise nähere Verwandte, die zeitweilig oder permanent auf der Burg lebten. Die Zahl der Bediensteten war gering und umfasste Personal für den Haushalt, die Küche, die Wirtschaftshöfe und vielleicht eine Wache; nur höherstehende Adelige hatten persönliche Bedienstete" (Grebe/Großmann). Auf manchen Burgen lebten Knappen, junge Männer, die zu Rittern erzogen wurden und oft „dem erweiterten Familienkreis des Burgherrn" entstammten (ebd.).

Dynasten- und manche Landesburgen hatten weit mehr Bewohner als einfache Adelsburgen, da dort auch Burgmannen auf Zeit ansässig waren. Auf solchen Burgen war der Burgherr meist nicht dauernd anwesend, da er mehrere Burgen und Sitze besaß. Die Verwaltung führte während seiner Abwesenheit ein Burggraf bzw. im Spätmittelalter ein aus der Ritterschaft stammender Amtmann, der meist über ein wenig Personal verfügte.

Auf kleineren Adelsburgen prägten den Alltag Tages- und Jahreszeitenlauf (Sonnenstand) wie bei den Bauern. Boxler/Müller (1990) schil-

→ Die Burg in Riedheim im Hegau (Kreis Konstanz) als Beispiel einer kleineren Ortsadelsburg (13.–15. Jh.). Das wichtigste Gebäude war der Wohnturm der ritterlichen Familie, der im Zentrum der Burg steht. Die Ringmauer wurde in nachmittelalterlicher Zeit verändert, Wehrgänge blieben nicht erhalten.

↑ Der Ritter Ulrich v. Hutten, Holzschnitt, ca. 1520

↑ Der Ritter und Minnesänger Oswald v. Wolkenstein, Porträt aus der Innsbrucker Handschrift von 1432 (Liederhandschrift B)

dern diesen für die Schweiz. Demnach gab es bis um 1300 täglich meist nur zwei **Mahlzeiten** – vormittags und am späteren Nachmittag. Erst später gab es drei Mahlzeiten plus Vesper. Viele Landwirtschaftsprodukte wurden durch die Mitarbeit des Burgherrn und seiner Familie gewonnen; andere wurden von abhängigen Bauern als *Zehnt* geliefert. Ein Frühstück auf einer Burg in Graubünden könnte im 14. Jh. aus Hafermus, *Ziger* (Ziegenfrischkäse) und Wein (bzw. Milch für Kinder) bestanden haben und ein während der Heuernte auf Wiesen unterhalb der Burg eingenommenes Mittagsmahl aus geräucherter Rinderschulter, Speck, Ziegenkäse, Brot, Wasser und Wein.

Hirsebrei und Hafermus waren fast täglich Bestandteil der Mahlzeiten. Ab dem 13. Jh. setzte sich Brot durch, wobei sich das bäuerliche (Roggen, Hafer) von dem des höheren Adels (Weißbrot: Weizen, Gerste) zunehmend unterschied. Der Getreideverbrauch war größer als heute; Kartoffeln waren in Mitteleuropa noch nicht bekannt. Auch Hülsenfrüchte (Erbsen, Linsen, Saubohnen), Kohl, Lauch, Fenchel, Rüben, Sellerie und Kürbis standen auf dem Speiseplan, ebenso Obst (auch Trockenobst: Birnen, Äpfel, Kirschen, Pflaumen), Beeren, Nüsse und Pilze. In getreidearmen Gegenden wurde Brotteig mit Birnen und anderen Früchten gestreckt.

In Regionen, in denen Viehwirtschaft vorherrschte, gab es häufiger Milchprodukte (Käse). Hühnereier wurden ebenfalls gegessen. Zwar aß der Adel mehr Fleisch als die Bauern, doch wird der Fleischkonsum heute oft überschätzt (s. „Rittermahle", Kap. 5.2.3.1). Jagdwild (Wildschwein, Hirsch, Reh, Gams, Steinbock, Dachs, Fuchs) wurde im Vergleich zu Haustieren und Geflügel weit seltener gegessen; es machte bei archäologischen Knochenfunden „selten mehr als 5%" aller Funde aus (ebd.). Fleisch wurde durch Pökeln und Räuchern haltbar. Dies war insofern wichtig, als die Bauern wegen des Futtermangels im Winter im Herbst viele Tiere schlachten mussten (was in der Tradition heutiger herbstlicher „Schlachtfeste" und „-platten" nachwirkt).

Da es zahlreiche Fastentage gab und auch tierische Produkte (Eier, Milch, Butter, Käse) bis Ende des 15. Jh. dann nicht gegessen werden sollten, war Fisch als Nahrungsmittel bedeutend. Zu vielen Burgen gehörten Fischteiche o.Ä. Pökel-Hering wurde u.a. aus Schweden nach Mitteleuropa exportiert.

Salz war im Mittelalter teuer. Es wurde u.a. aus Tirol und Burgund geliefert. Gewürzt wurde mit Kräutern (Bohnenkraut, Rosmarin, Salbei, Kümmel, Liebstöckel, Fenchel, Koriander, Dill, Petersilie, Kerbel, Knoblauch) sowie mit Zwiebel, Senf und Weinessig (ebd.). Da Zucker zwar seit den Kreuzzügen bekannt, aber nicht verbreitet war, süßte man u.a. mit Honig oder eingedicktem Birnensaft. Als Fette nutzte man Speck/Schmalz, Butter und z.B. aus Bucheckern gewonnenes Öl.

Als Getränke kamen Wasser, Wein – oft mit Zimt, Nelken etc. gewürzt –, im Spätmittelalter auch Bier, vergorene Fruchtsäfte und Milch auf den Tisch.

„... nicht für die Behaglichkeit, sondern zur Wehr erbaut"

Als eine der wichtigsten Quellen für das Alltagsleben auf einer Burg des Spätmittelalters gilt der ‚Huttenbrief', den der Ritter Ulrich v. Hutten um 1520 einem in der Stadt Wohnenden schrieb (doch darf diese Schilderung nicht auf alle Burgen übertragen werden). Demnach war eine Burg *nicht für die Behaglichkeit, sondern zur Wehr erbaut, mit Gräben und Wall umgeben, innen von bedrückender Enge, zusammengepfercht mit Vieh- und Pferdeställen,* voll mit *Büchsen, Pech, Schwefel und allen übrigen Waffen und Kriegsgerät. Überall stinkt das Schießpulver, und der Duft der Hunde und ihres Unrates ist auch nicht lieblicher [...]. Und welch ein Lärm! Da blöken die Schafe, brüllt das Rind, bellen die Hunde, auf dem Feld schreien die Arbeiter, die Wagen und Karren knarren, und bei uns zu Hause hört man auch die Wölfe heulen.*

Unsicherheit beherrschte das tägliche Leben. Ritter Ulrich v. Hutten schreibt, sobald er aus dem Haus ginge, liefe er Gefahr, auf Leute zu stoßen, *mit denen der Fürst [...] Fehden hat und die mich anfallen und gefangen wegführen. Habe ich Pech, so kann ich die Hälfte meines Vermögens als Lösegeld darangeben.* Er hielt sich daher Pferde, kaufte Waffen und umgab sich mit einer *zahlreichen Gefolgschaft, was alles ein schweres Geld kostet.* Dabei konnte er *keine zwei Äcker unbewaffnet gehen; wir dürfen keinen Bauernhof ohne Waffen besuchen, bei Jagd und Fischfang müssen wir eisengepanzert sein.* Selbst Streit zwischen Bauern konnte Fehde bringen. All das spielte sich auch zwischen *Verschwägerten, Verwandten, Vettern* und *Brüdern* ab.

Ähnlich aufschlussreich sind manche Texte des aus Südtirol stammenden ritterlichen Dichters und „Minnesängers" Oswald v. Wolkenstein (1377-1445), der aus seinem Burgenalltag berichtet.

2.2.4.6 Schwert, Rüstung und vieles mehr

Die Ritterrüstung scheint für viele Menschen das markanteste Merkmal eines Ritters zu sein. Aber gerade diese Vorstellung eines Mannes in

↑ Kettenhemd, Umzeichnung aus dem 19. Jh.

↑ Brünne (Kettenpanzer). Umzeichnung nach einer Darstellung aus dem Bamberger Evangeliar (11. Jh.)

glänzender Rüstung mit Pferd und Lanze, die wie kein anderes Bild einen Ritter zu charakterisieren scheint, hat eine lange Entwicklung erlebt; das Aussehen und die Ausrüstung haben sich im Laufe der Jahrhunderte stark verändert. Urspr. trug der früh- und hochmittelalterliche Ritter ein Panzerhemd, die Brünne, das aus Tausenden kleinen zusammenhängenden Rin-

gen gefertigt wurde. Diese Form des Ringelgeflechts ging noch auf die weströmischen Traditionen zurück und war kurzärmlig. Die Brünne (kelt. *bruin,* Leib) dürfte aber schon in der keltischen Spät-La-Tène-Zeit existiert haben. Mit den Kreuzzügen kam der westeuropäische Ritter nun auch mit oströmischen und orientalischen Formen des Panzerhemdes in Berührung.

↑ Waffenrock. Walther v. Klingen im Turnier. Beide Ritter tragen jeweils einen Waffenrock mit Abbildungen ihrer Wappen; ebenso sind die Pferdedecken gestaltet. Buchmalerei aus: Manessische Liederhandschrift (Große Heidelberger Liederhandschrift, zw. 1305/15)

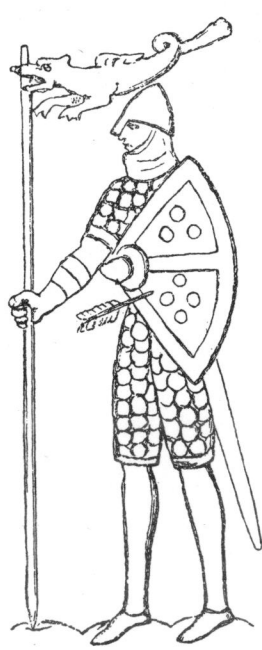

↑ Nasenschienenhelm. Umzeichnung der Darstellung eines normannischen Kriegers auf dem Teppich von Bayeux, 11. Jh.

Diese besaßen zusätzlich lange Ärmel mit Fäustlingen und eine Kapuze. Im 13. Jh. kam dann der Kinnlatz hinzu. Diese übernommene bzw. erweiterte Form wurde ab dem 12. Jh. zur Standardausrüstung der Ritter in weiten Teilen Europas. In Frankreich hieß diese Form *haubert*, im Mittelhochdeutschen *halsberc*. Zusätzlich wurden Beinlinge aus Kettengeflecht getragen, die im 12. Jh. nur Schienbeine, im 13. Jh. dann auch die Waden schützten.

Unter dem Panzerhemd trug der Ritter ein gefüttertes, gestepptes Unterkleid (*gamboison*), mit oder ohne Ärmel, welches Abschürfungen der Haut vermeiden und Schläge auf den Körper abschwächen sollte. Neben dem *gamboison* trug der Ritter eine stark gepolsterte Kniehose. Über dem Panzerhemd trug er seit dem 12. Jh. einen ärmellosen/kurzärmeligen, meist farbig ausgestalteten, mit Wappen versehenen Waffenrock.

„Seit dem ausgehenden 13. Jh. diente das Panzerhemd mit hohem Stehkragen und ohne Fäustlinge nur noch als Unterlage für stählerne Platten, Schienen und Buckel, mit denen man die Schutzwirkung verstärkte. Auf diese Weise entstand der Plattenpanzer, den Kunstschmiede (Plattner) seit der Mitte des 14. Jh. als technisch aufwendiges, in sich bewegliches System zum Schutz des ganzen Körpers ausarbeiteten. Schon um 1200 war in Deutschland die Bezeich-

↑ Angriff auf eine Burg. Die angreifenden Ritter links tragen verschiedene Helmformen, u.a. Topfhelm und Nasenschienenhelm (rechts).

nung ‚Harnisch' (von frz. *harnois/harnais*) aufge-
kommen, zunächst nur für die Ausrüstung des
Pferdes, dann für die gesamte Rüstung von
Mann und Roß" (Ehlers 2009, 74). Dann wurde
im Spätmittelalter der Panzerfäustling durch
den Fingerhandschuh ersetzt. Allgemein ist der
Trend erkennbar, dass das Panzerhemd immer
häufiger durch eiserne Röhren und Plattenpanzer ersetzt wurde. Auch die körperbetonende
Rüstung war häufiger zu sehen. Kurz vor 1400
kam dann der Vollharnisch auf, dessen Höhepunkt und technische Ausgefeiltheit gut 50 Jahre später – z.B. in den berühmten Werkstätten

von Augsburg, Nürnberg, Landshut – erreicht
wurde. Damit wurde gleichzeitig ein Statussymbol und Kunstobjekt geschaffen, das für die
meisten Ritter unbezahlbar blieb. Doch diese
Panzerung hatte auch Nachteile. So wurde die
Rüstung immer schwerer; das bedeutete, der
Ritter ermüdete schneller und war unbeweglicher, was im Nahkampf ein großer Nachteil
war. Außerdem bestand dadurch auch die Gefahr eines Hitzschlags.

Komplettiert wurde die Rüstung durch einen **Helm**. Der früh-hochmittelalterliche koni-
sche Helm mit Naseneisen geht vermutlich auf

↑ Topfhelm mit Helmzimier des Ritters Wolfram v. Eschenbach. Ausschnitt aus einer Buchmalerei in der Manessischen Liederhandschrift (Große Heidelberger Liederhandschrift, zw. 1305/15)

↑ Vorform eines Topfhelmes mit Nasenschiene

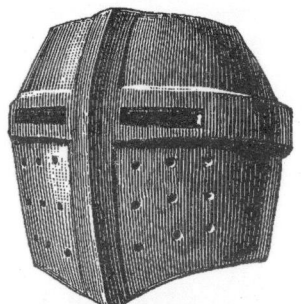

↑ Topfhelm, 13. Jh.

↑ Topfhelm (13. Jh.) aus Basel/Schweiz.

östliche Reiternormaden zurück; er fand seinen Weg über die Waräger nach Gotland und von dort nach ganz Europa. Auf dem berühmten Teppich von Bayeux (11. Jh.) ist dieser Helmtyp zu sehen; es handelt sich die frühsten Darstellungen. Ab dem 12. Jh. erhielt dieser Helmtyp eine oben abgerundete Glocke und ein verbreitetes Naseneisen und wurde so zu einer Art Übergang zum Topfhelm. Da immer noch ein großer Teil des Gesichts ungeschützt war, wur-

↑ Gerüsteter spätmittelalterlicher Ritter; links oben Topfhelm mit Helmzimier

↑ Gerüsteter spätmittelalterlicher Ritter, der einen Topfhelm mit Helmzimier im Arm hält

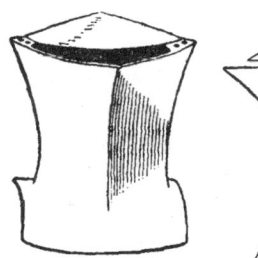 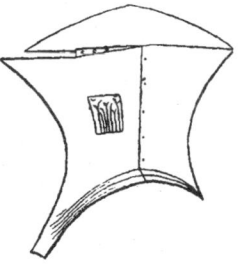

← Spätmittelalter-
licher Helm mit einer
an eine Hunde-
schnauze (Klapp-
visier) erinnernde
Beckenhaube
(Hundsgugel)

↑ Spätmittelalterlicher Stechhelm (15. Jh.) mit froschmaul-
artiger Gesichtsplatte

↓ Einsatz von Mandelschilden des 11. Jh. Darstellung auf
dem Teppich von Bayeux, Ausschnitt (Umzeichnung)

Der Harnisch für den Mann in seiner Gesamtheit.

Die einzelnen Teile des Plattenharnisches.

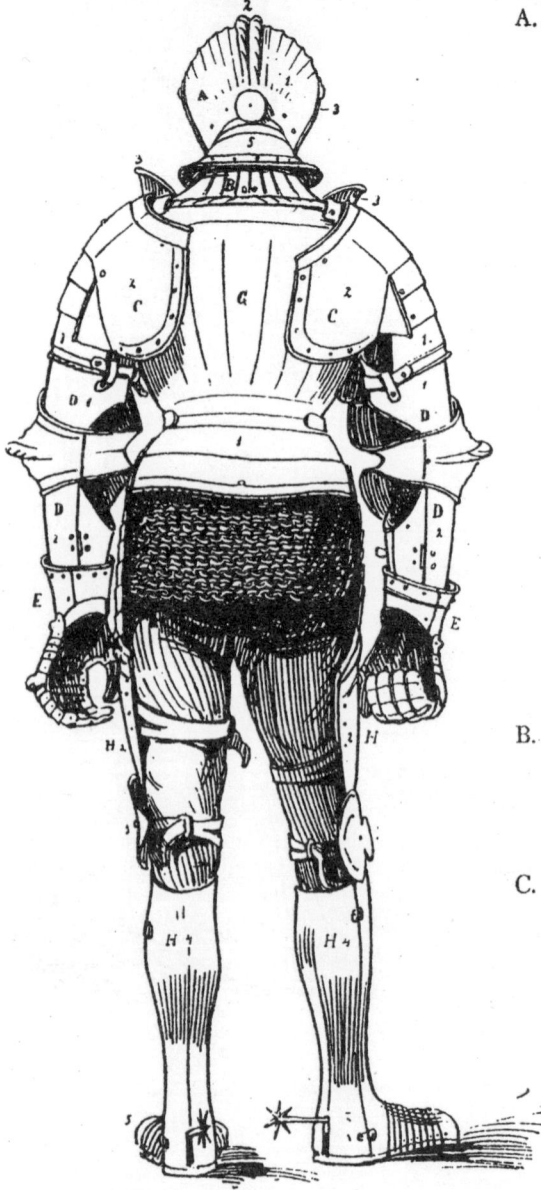

A. Der Helm, franz. armet, ital. celata, engl. helmet.

  1. Das Scheitelstück, frz. timbre, ital. coppo, engl. scull piece.

  2 Der Kamm, franz. crête, ital. cresta, engl. crest.

  3. Das Visier, franz. mezail, ital. visiera, engl. visor.

    Bei den späteren Helmen besteht das Visier aus 2 Teilen, die sich aufschlächtig bewegen. Der obere Teil mit den Sehspalten heifst dann Stirnstulp, franz. frontal, ital. frontale, der untere, das eigentliche Visier, altdeutsch Schembart, fr. ventail, ital. ventaglio.

  4. Das Kinnreff, fr. mentonnière, ital. baviera, engl. beaver.

  5. Der Nackenschirm, fr. couvrenuque.

  6. Das Kehlstück, bei späteren Helmen Halsreifen, fr. gorgerin, it. goletta, engl. gorget.

B. Der Kragen, fr. hausse col, ital. collo, engl. neck collar.

  1. Federzapfen (zur Befestigung der Achseln), fr. auberon.

C. Die Achseln, fr. épaulières, ital. spallacci, engl. shoulder plates.

  1. Die Vorderflüge, fr. aile, ital. ala, lunetta.

  2. Die Hinterflüge, franz. ailes dorsales.

  3. Die Brechränder, Stofskrägen, fr. passe-garde, garde-col, it. guarda-goletta, engl. pass guard.

↑ Harnisch, spätmittelalterlich. „Der Harnisch für den Mann in seiner Gesamtheit" – der Vollharnisch der Zeit um 1500 stand am

D. Das Armzeug, frz. brassard, ital. bracciale, engl. brassard.
1. Oberarmzeug, Oberarmröhre.
2. Unterarmzeug, Unterarmröhre.
3. Die Armkacheln, fr. cubitières, ital. cubitiera, bestehen aus den Mäuseln und den ganzen oder halben Muscheln.

E. Die .Handschuhe, frz. gantelets, ital. manopole, engl. gauntlet, wenn ungefingert: Hentzen, franz. mitons, ital. mittene, engl. mitten gauntlets.
1. Die Stulpen.
2. Die Knöchelreifen.

F. Die Brust, das Bruststück, franz. plastron, ital. corazza, engl. breast plate.
1. Der Brustrand.
2. Der Rüsthaken, fr. faucre, ital. resta, engl. lance rest.
3. Die Bauchreifen, frz. bracconnière, ital. panziera, engl. great brayette.
4. Die Schamkapsel, franz. brayette.
5. Die Beintaschen, frz. u. engl. tassettes, tuiles, ital. fiancali, scarselloni.

G. Der Rücken, das Rückenstück, franz. dossière, ital. schiena, engl. backplate.
1. Die Gesäßreifen, der Gesäßschurz., franz. garde-reins, ital. falda.

H. Das Beinzeug, die Diechlinge mit den Kniebuckeln bilden das Oberbeinzeug, die Beinröhren mit den Schuhen das Unterbeinzeug.
1. Die Oberdiechlinge. 2. Die Unterdiechlinge, fr. u. engl. cuissards, ital. cosciali.
3. Die Kniebuckel, franz. genoullière, ital. ginocchietti, engl. buce, mit ihren Muscheln.
4. Die Beinröhren, franz. grêves, ital. schinieri, engl. greaves.
5. Die Schuhe, franz. sollerets, ital. scarpe, engl. goad, soleret.

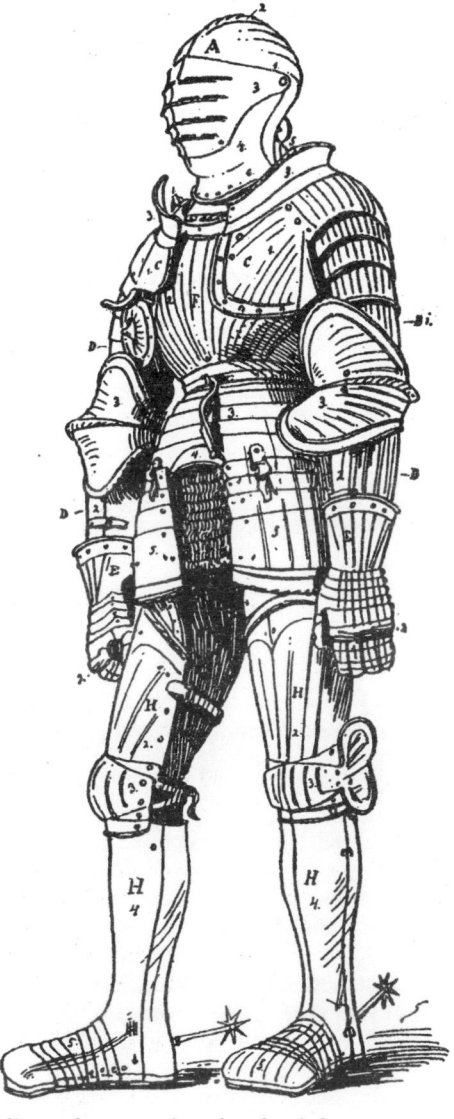

Ende der Entwicklung des ritterlichen Harnisches. Bedeutend waren die Plattnerwerkstätten in Augsburg, Landshut und Nürnberg.

de begonnen, Metallplatten mit Atemlöchern, die sog. *Barvierea*, im Gesichtsfeld zu installieren. Daneben wurden nun auch Ohren und Hinterkopf durch Metallplatten geschützt, sodass die Form des Helmes wirklich an einen Topf erinnerte. Er wurde über der Panzerkapuze getragen, und mit der Wende zum 13. Jh. begann man damit, diesen Helm z.B. mit Wappen und Zimier zu verzieren. Diese Form blieb bis ins späte Mittelalter hinein in Europa verbreitet, obwohl durch den Helm Sichtfeld, Atmung und Gehör stark beeinträchtig waren. Gegen Ende des Mittelalters kamen dann zwei (Haupt-)Helmtypen hinzu. Zum einen handelte es sich hierbei um den mit einer froschmaulartigen Gesichtsplatte versehenen Stechhelm, zum anderen um die an eine Hundeschnauze (Klappvisier) erinnernde Beckenhaube (*Hundsgugel*).

Schilde: Rundschilde waren die verbreitetste Schildform im frühen Mittelalter in Nord- und Mitteleuropa. Einige der auf dem Teppich von Bayeux (11. Jh.) dargestellten angelsächsischen Verteidiger tragen solche Schilde, während die normannischen Angreifer den Mandelschild nutzen. Diese Schildform wurde im frühen 11. Jh. in Byzanz entwickelt und fand spätestens mit dem 1. Kreuzzug (1096–99) breite Verwendung. Dieser nach unten spitz zulaufende Schild war fast mannshoch und bestand aus mehreren Schichten verleimtem Lindenholz mit Lederbespannung und metallenem Beschlag. Spätestens seit den 1140er-Jahren war es üblich, Schilde mit dem Wappen des adeligen Trägers zu versehen. „Schon in der Antike bemalte man die Schilde oder dekorierte sie mit Edelsteinen; daß sie seit der Mitte des zwölften Jahrhunderts heraldische Figuren trugen, hängt auch damit zusammen, daß der Schild vornehmstes Symbol der Schutzpflicht des Ritters und damit sowohl ethisch als auch juristisch aufgewertet war. Entsprechend nannte Wolfram v. Eschenbach den ritterlichen Dienst *schildes ambet*; ‚Heer-

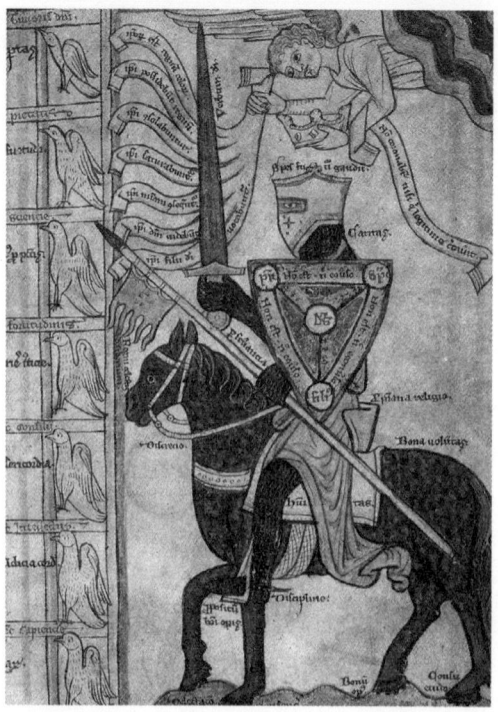

↑ Ritter mit Dreieckschild, Darstellung aus einem Manuskript der „Summa de virtutibus et vitiis" des Guilelmus Peraldus, Mitte 13. Jh.

schild' (*clipeus militaris*) hießen seit dem zwölften Jahrhundert sowohl das vasallitische Aufgebot eines Lehnsherrn als auch sein Recht, Vasallen zu haben, so daß in Deutschland schließlich die gesamte Hierarchie der Lehnsgesellschaft als ‚Heerschildordnung' bezeichnet werden konnte" (Ehlers 2009, 78).

Gegen Ende des 12. Jh. kam es zu einer Reduzierung der Schildgröße und nach und nach zu einer Wandlung zu einem Dreiecksschild. Dieser kleine Schild (*petit écu*) war dann bis ins 15. Jh. die maßgebliche Schildform.

Die wohl bekannteste und wichtigste Angriffswaffe eines Ritters war die **Lanze**. Der Ur-

Griechischer Xiphos.

Röm. Gladius.

German. Langsax.

German. Spatha.

Deutsches Schwert, 13. Jahrh.

Deutsches Schwert ‚zu anderthalb Hand', 15. Jahrh.

Deutsches Richtschwert, 16. Jahrh.

Deutsches Landsknechtschwert, 16. Jahrh.

Deutscher Zweihänder, 16. Jahrh.

↑ Schwertformen durch die Jahrhunderte. Vergleichende Darstellung aus dem 19. Jh.

sprung dieser Waffe dürfte im Speer zu finden sein. Auf dem Teppich von Bayeux wird das Bewerfen des Gegners mit einem Speer dargestellt. Erst seit dem 12. Jh. nutzte man hölzerne Stoßlanzen mit rhombenförmigen oder spitzovalen Eisenspitzen. Sie wurden beim Kampf zu Pferd unter den Arm gelegt. Zum Schutz der Hand wurde ab dem 14. Jh. eine trichterförmige Scheibe angebracht. Die Lanze war ca. 3 m lang und meist aus schwerem Holz gefertigt. Wenn sie im Kampf brach oder das Pferd verletzt oder getötet wurde, musste der Ritter auf seine Nahkampfwaffe zurückgreifen – das **Schwert**. Diese beidseitig geschliffene, mit einer Spitze versehene Waffe war oft mit Intarsien (z.B. Figuren, Buchstaben) verziert. Gleichzeitig besaß das Schwert hohen Symbolcharakter als Zeichen von Herrschaft, Rechtsprechung und Macht. Es gilt bis heute als „die" Waffe eines Ritters. Eini

ge Schwerter wurden als „heilig" betrachtet, da z.B. Reliquien oder „magische Steine" in den Knauf eingearbeitet wurden. Die wohl bekanntesten Schwerter des Mittelalters dürften Mimungr/Minnungr (Thidrekssaga), Durendal (Rolandslied) oder Excalibur (Artus Saga) gewesen sein, auch wenn sie nur in Geschichten vorkamen.

Neben diesen Waffen besaß der Ritter oft einen Streitkolben und/oder einen Morgenstern. Der Streitkolben wurde dazu verwendet, den gegnerischen Helm einzuschlagen und den Ritter damit schwer zu verwunden oder gar zu töten. Der Morgenstern bestand aus einer oder mehreren Eisenkugeln (teilweise mit Dornen bespickt), die an einer Kette befestigt waren. Genau wie der Streitkolben besaß er eine sehr hohe Durchschlagskraft. Auch Streitäxte und Streithämmer kamen zum Einsatz, doch werden diese, wie auch Streitkolben und Morgenstern, meist nicht zu den ritterlichen Waffen gezählt. Sie lassen sich aber für das Spätmittelalter eindeutig belegen.

Eine untrennbare Einheit bildeten der Ritter und sein **Pferd**, denn ohne Pferd hätte es keinen Ritter gegeben. Das Pferd eines Reiterkriegers war zugleich ein Statussymbol. Gewöhnlich besaß der Ritter mehrere Pferde. Zum einen den *palefridus* (mhd. *pfert*) als Reise- und Marschpferd und den *dextrarius* (mhd. *ros*), ein ausgebildetes Kampfross. Dieses hatte eine Widerristhöhe von 140 bis 150 cm. Diese geringe Höhe ist damit zu erklären, dass der Ritter in einer Schlacht alleine aufs Pferd steigen musste. Je höher das Stockmaß war, umso schwieriger wurde es für gepanzerte Reiter, aufzusitzen. Diese Pferde waren überaus teuer: Ein Streitross kostete vor 1250 ca. das 25-Fache eines gewöhnlichen Pferdes. Ab 1250 kam es zu einem schnellen Preisanstieg, sodass im Jahr 1300 solch ein Pferd das 50-Fache kostete. Um die Relation zu verdeutlichen, ein Beispiel: Im 15. Jh. benötigte ein Bauer ca. sechs Jahre, um den Preis für ein Pferd zu erarbeiten.

Neben diesen beiden Pferdetypen besaß der Ritter noch ein Saumtier für den Transport der Ausrüstung, den *runcinus*. Auch der Knappe ritt solch ein Pferd. Dieser war auch für die Pflege und für die Versorgung der Tiere verantwortlich.

Das Streitross war im frühen und hohen Mittelalter kaum gepanzert, was verwundert, da die Anschaffung so teuer war. Aber gerade der hohe Wert des Pferdes bewahrte es davor, getötet zu werden, da eher versucht wurde, es zu erbeuten. Erst als unritterliche Kampftaktiken im Laufe des Spätmittelalters zunehmend angewandt und nicht mehr der Reiter, sondern das Pferd Angriffsziel wurde, begann man, das Pferd mit einer Panzerung zu versehen. Im 15. Jh. gab es Rossharnische, die Pferd und Reiter zu einem Furcht einflössenden, gepanzerten Gegner machten und das Bild bis heute prägen.

2.2.4.7 Turnier

Die meisten Menschen assoziieren mit dem Wort Turnier zwei Ritter auf einem Pferd, die mit hoher Geschwindigkeit, durch Planken voneinander getrennt, aufeinander zureiten und mit einer Lanze versuchen, den Gegner aus dem Sattel zu heben. Auch auf heutigen Mittelaltermärkten und Mittelalterturnieren wird dieses Spektakel den Zuschauern häufig dargeboten. Dass die Form des Turniers sich aber im Laufe der Jahrhunderte verändert hat, ist vielen unbekannt. Die heute präsentierten „Ritterturniere" haben wenig mit dem hochmittelalterlichen Turnierwesen zu tun.

Das Turnier entstand im 11. Jh. in Nordfrankreich und erfreute sich schnell größter Beliebtheit. Als *conflictus Gallicus* („französischer Kampf") breitete sich dieses adlige Kampfspiel, das mit scharfen Waffen bestritten wurde, bald über die nordfranzösischen Grenzen aus. Seit dem 12. Jh. wurde es auch in England und Deutschland ausgetragen. Von dort aus kam diese ritterliche (Extrem-)Sportart nach Böhmen und Italien. So wurde das Turnier im Hoch- und Spätmittelalter zu einer zentralen sportlichen, festlichen und militärische Manifestation der ritterlichen Gesellschaft. Zu solch einer Großveranstaltung wurde man i.d.R. eingeladen, wobei das Turnier meistens nur Nebenprogramm eines Hoftages, Fürstentreffens oder eines Festes war. Für den Veranstalter ging es darum, sein wirtschaftliches, gesellschaftliches und politisches Potenzial zu präsentieren und sein Ansehen unter den Standesgenossen zu steigern. Frauen waren nach literarischen Quellen seit Mitte des 12. Jh. als Zuschauerinnen auf Turnieren zugegen. Im Spätmittelalter nahmen hohe Damen, durch Pfandgeben an bestimmte Ritter, eine aktive Rolle ein.

Das hochmittelalterliche Turnier des 12. Jh. war eine raue Veranstaltung und unterschied sich vermutlich nur wenig von einer richtigen

↑ Maximilian I. (1459–1519) in seiner Turnierausrüstung auf seinem gepanzerten Schlachtross. Darstellung des 19. Jh. nach zeitgenössischem Original

Schlacht. Einige Wochen vor dem geplanten Termin wurde das Turnier bekannt gegeben und das Turnierfeld ausgewählt. Schranken oder Absperrungen gab es nicht, nur ein kleiner Bereich wurde vom Feld abgetrennt, auf dem die Teilnehmer eine kurze Pause einlegen konnten. Vor dem eigentlichen Kampfspiel wurden aus den anwesenden und akzeptierten Rittern zwei gleichstarke Mannschaften gebildet, z.B. nach Lehensverbänden oder landsmannschaftlicher Herkunft. Außerdem wurde festgelegt, wie viele Ritter pro Runde teilnehmen durften und wie der Siegespreis aussah. Dieser konnte aus dem Pferd und der Waffe des Gegners bestehen oder aus einem Lösegeld. Der **Buhurt** startete auf ein Zeichen, und die beiden Verbände ritten in geschlossener Formation aufeinander zu, durchbrachen die gegnerische Reihe, wendeten und griffen wieder an. Vermutlich aus dieser Wendebewegung entstand das Wort Turnier, welches aus dem altfranzösischen *torn(e)ier/tourn(o)ier* für Drehung herzuleiten ist. Wenn keine Bewegung mehr möglich war und die beiden Formationen ineinander verkeilt waren, begann der Kampf zu Fuß. Dieser Turnierkampf stand einer echten militärischen Konfrontation meist in nichts nach. Nur die Schiedsrichter sorgten oft für eine gewisse Entschärfung der hitzigen Gefechte. Dass es bei diesen simulierten Kämpfen oft zu Toten und Verletzten kam, verwundert nicht. Insbesondere, da bei diesen Turnieren scharfe Waffen verwendet wurden. Erst ab dem 13. Jh. wurden stumpfe Schwerter oder Lanzenspitzen mit *Krönlein* verwendet, welche die Verletzungsgefahr erheblich minderten. Im Spätmittelalter verwendete man dann wieder scharfe Waffen. Ziel eines Turniers war es aber nicht, Gegner zu töten oder zu verletzen, sondern sie gefangen zu nehmen und Lösegeld für die Freilassung zu erhalten.

Dass dieser Rittersport auf Kritik stieß, liegt nahe. So wurde vom englischen Gelehrten Radulfus Niger (* um 1200) der Verlust von Leib und Seele propagiert, wenn sich Ritter aus Ruhmsucht oder schlichter Langeweile auf Turnieren umbrächten. Auch der Kirche war das Turnierwesen ein Dorn im Auge. So verbot Papst Innozenz II. 1130 alle Turniere, was aber die Begeisterung innerhalb der Ritterschaft kaum schmälerte. König Heinrich II. von England führte ein Verbot ein, doch konnte er die englischen Ritter nicht daran hindern, an kontinentalen Turnieren teilzunehmen. Unter seinem Nachfolger wurde das Turnierwesen unter Auflagen wieder eingeführt. Ähnlich verhielt sich der Papst, der 1316 das Verbot der kirchlichen Bestattung für Turniertote aufhob, was nichts anderes bedeutete, als die Realität anzuerkennen. Dennoch blieb die Kirche Gegner der Turniere. Sie kritisierte besonders die mögliche Zügellosigkeit und Verrohung der Ritter, die durch Turniere hervorgerufen werden könnten. Dadurch würde es zu Mord, Totschlag und Cha-

↑ (Turnier-)Krönlein oder Krönig wird eine 10–15 cm lange, kronenförmige Lanzenspitze genannt, die dem im Turnier verwendeten Rennspieß aufgesetzt war, um schwerere Verletzungen zu verhindern. Sie kamen beim Tjost bzw. Gestech zum Einsatz. Hier die Nachbildung eines Krönigs auf Burg Lichtenstein (Pfarrweisach, Landkreis Haßberge, Unterfranken, Bayern

→ Turnierender spätmittelalterlicher Ritter. Darstellung auf dem Veranstaltungsplakat der großen, beachtlichen Turnierausstellung im Museum zu Allerheiligen in Schaffhausen/Schweiz 2014, die mit einem authentischen Turnier britischer Fachleute verbunden war.

Museum
zu Allerheiligen
Schaffhausen

Ritterspiele
LIVE
10.-20. Juli
ticketcorner.ch

RITTER
TURNIER
GESCHICHTE EINER FESTKULTUR

SONDERAUSSTELLUNG
10. 04. –
21. 09. 2014

STURZENEGGER
STIFTUNG
SCHAFFHAUSEN
Jakob und Emma
Windler-Stiftung
SIG
Medienpartner
BOCK

os kommen und der Gottfrieden gestört. Die Vergeudung von Menschenleben, Geld und Gütern und die Wolllust durch den Frauendienst bei Turnieren sah die Kirche als Grundlage für die Sieben Todsünden. Zugleich wurde von kirchlicher Seite befürchtet, dass der Kreuzzugsgedanke durch Turniere von den Rittern vernachlässigt würde und das „Heilige Land" nicht mehr verteidigt werden könne.

Trotz der vehementen Kritik erfreute sich das Turnier im Mittelalter größter Beliebtheit. Schriftquellen tradieren große Karrieren, die aus einem erfolgreichen Turnier hervorgingen. Die bloße Teilnahme bestätigte Rittern die Zugehörigkeit zu einer Elite. Auch die Aussicht auf Beute bzw. Lösegeld ist ein nicht zu unterschätzender Faktor. Denn die Gefangennahme eines wohlhabenden Ritters konnte finanziellen und sozialen Aufstieg bedeuten. Gleichzeitig konnte die Gefangennahme den finanziellen Ruin der ganzen Familie bringen. Der berühmte Dichter Chrétien de Troyes (*1190) schreibt: *Das Feld war von bewaffneten Kriegern ganz bedeckt; auf beiden Seiten setzte sich die Schlachtreihe in Bewegung, und ein Zittern durchlief sie; der Lärm des Kampfes erhob sich, das Klingen der Lanze gegeneinander war sehr laut. Lanzen brachen, Schilde wurden durchlöchert, die Panzer gaben nach und sprangen auseinander, Sättel wurden leer, und Ritter stürzten, die Pferde schwitzten und waren mit Schaum bedeckt. Da zogen sie alle die Schwerter über jene hinweg, die mit viel Geräusch stürzten; die einen eilten, sich von den Besiegten Treue geloben zu lassen, die anderen, um zu kämpfen* (Chrétien de Troyes, Z. 2105–2115).

Im Herbst, wenn die meisten Turniere stattfanden, konnten man als Mitglied einer Mannschaft große Gewinne erzielen. Als Beispiel kann hier William Marshal (*1219), einer der besten und berühmtesten Ritter in der 2. Hälfte des 12. Jh., herangezogen werden. Er stammt aus einer anglonormannischen Familie, die sich vermutlich nach der normannischen Eroberung Englands 1066 dort niedergelassen hatte. Zusammen mit einem flandrischen Ritter gelang es ihm, innerhalb von zehn Monaten 103 Ritter auf Turnieren gefangen zu nehmen. William selbst soll, nach eigener Aussage, mehr als 500 Ritter in seinem Leben auf dem Turnierfeld besiegt haben. Später stieg er sogar zum Regenten und Lord Marshal von England auf. Im Alter von 70 Jahren trat er noch dem Templerorden bei und fand seine letzte Ruhe in der Temple Church zu London.

War der *Buhurt* ein Mannschaftskampf, so war der ***Tjost*** (frz. **jouste**) ein Zweikampf.

↑ Spätmittelalterliche Turnierszene: Lanzenstechen, sog. Tjost, Ausschnitt aus einer Buchmalerei in der Manessischen Liederhandschrift (Große Heidelberger Liederhandschrift, zw. 1305/15)

← Re-enactment: Turnierender spätmittelalterlicher Ritter. Fotomontage vor der Kulisse des Munot in Schaffhausen (Imagefoto für das Turnier, das mit der Turnierausstellung im Museum zu Allerheiligen in Schaffhausen/Schweiz 2014 verbunden war)

↑ Buhurt. Der Herzog von Anhalt, aus: Manessische Liederhandschrift (Große Heidelberger Liederhandschrift, zw. 1305/15)

Diese Art des Wettkampfes kam am Ende des 12. Jh. auf und fand in den darauffolgenden Jahrhunderten immer mehr Anhänger. Der klassische *Buhurt* wurde dadurch verdrängt, sodass im 14. Jh. der *Tjost* das Turnier beherrschte. Dieser Zweikampf mit Lanze lässt sich in vielen mittelalterlichen Abbildungen finden. Die beiden Kontrahenten versuchten, sich vom Pferd zu stoßen oder zumindest die Lanze zu brechen. Sie waren durch eine Barriere getrennt, um so mögliche Kollisionen der Pferde zu vermeiden, oder es wurden spezielle Rüstungen getragen. Focht man in der Frühzeit des Turnierwesens noch mit scharfen Waffen (*armes à outrance*), so musste man im Laufe des Mittelalters das Turnier mit stumpfen Waffen (*armes à plaisance*) bestreiten, auch wenn es nicht so ehrenvoll war. Besonders die Entwicklung der speziellen Turnierrüstungen und -waffen zeigt, wie weit sich das Turnier vom wahren Kriegsgeschehen entfernte. Gleichzeitig wird eine Differenzierung innerhalb des Rittertums deutlich, da sich viele – insbesondere der Niederadel – diese Spezialausrüstung nicht mehr leisten konnten und dadurch nicht (mehr) an Turnieren teilnehmen konnten.

Aber gerade weil dieses Kampfspiel als Übung für Krieg und Fehde angesehen wurde und als Zurschaustellung des eigenen Könnens diente, ist es nicht verwunderlich, dass die Turniere im Spätmittelalter wieder öfter mit scharfen Waffen bestritten wurden. Im Allgemeinen dienten sie auch als Talentbörse für die großen Herren. Der Stellenwert des Turniers ist somit in der Welt eines Ritters hoch einzuschätzen. Hier entstand das Ansehen des fahrenden Ritters, der Ruhm, Ehre und Geld auf diesem Feld erlangen konnte und seinen Sieg einer vornehmen Dame widmete. Das Turnier schuf einen gruppendynamischen Effekt, der zur Ausformung des ritterlichen Kodex führte und sich schließlich im ganzen mittelalterlichen Europa verbreitete.

2.2.4.8 Krieg und Fehde

Mit dem Mittelalter wird häufig Krieg assoziiert, da das Mittelalter eine eigene Kriegerkaste hervorbrachte. Doch für diese war Krieg nicht nur eine Dienstleistung, sondern auch eine existenzielle Grundlage des eigenen Daseins. Ohne Krieg keine Kriegerkaste und ohne Kriegerkaste kein Krieg. Der Kampf war gleichzeitig eine Handlung, um eigene Qualität und eigenes Können zu beweisen. Die zahlreichen Auseinandersetzungen auf den verschiedenen politischen Ebenen des Mittelalters boten hierfür oft die passende Gelegenheit. Doch ist zu betonen, dass der mittelalterliche Krieg nicht mit neuzeitlichen Kriegen vergleichbar ist, denn „der typische Ablauf mittelalterlicher Kriegszüge ergab sich aus dem Bestreben, offene Feldschlachten möglichst zu vermeiden. Stattdessen bestimmte langsames Vorrücken der Angreifer das Bild, hartnäckige Abwehr der Verteidiger, zeitlich und räumlich eingeschränkte Operationen, Abnutzungskrieg, abteilungsweises Suchen unmittelbarer Erfolge: in erster Linie durch systematisches Plündern und Brennen des Landes zur materiellen Schädigung des Feindes und zur Demonstration seiner Unfähigkeit, die eigenen Leute zu schützen" (Ehlers 2009, 80).

Bei einer großen Feldschlacht waren im Vorfeld zu beachten: Größe und Aufbau der eigenen und gegnerischen Truppen, Moral und Ausbildungsstand, Zustand von Mensch, Tier und Ausrüstung. Zudem war ein geeignetes Schlachtfeld zu finden, damit die Ritter sich als Reiter entfalten konnten. Auch die Tageszeit war wichtig, denn ein Anreiten gegen die Sonne war ein taktischer Nachteil, und auch die Temperatur, die je nach Tageszeit unterschiedlich hoch war, spielte eine Rolle, da eine höhere Temperatur innerhalb der Rüstung zu schnellerer Erschöpfung oder sogar zum Tod führen konnte.

↑ → Schlachtszenen in einer Darstellung des 15. Jh.

Kam es dann zur Schlacht, begann eine zeitaufwendige Prozedur, denn der Ritter musste in die Rüstung (ein-)geschalt werden. Zuerst wurden Sporen und der Panzer für Bein und Unterleib angebracht und festgeschnallt, danach das Panzerhemd. Der letzte Schritt war das Aufsetzen des Helms, die Gürtung des Schwerts, Aufsitzen auf das Schlachtross und die Übernahme von Schild und Lanze. Nun stellte der einsatzfähige Ritter auf seinem Schlachtross einen ernst zu nehmenden Gegner für jedermann dar. Dass dies so überhaupt möglich war, ist einer technologischen Entwicklung zu verdanken, und zwar dem Steigbügel. Der im Frühmittelalter aus den Steppen Asiens eingeführte Steigbügel verhalf dem Ritter zu einem festen Sitz auf dem Sat-

tel. Dadurch konnte er die schwere Lanze unter die rechte Achsel klemmen und mit der linken Hand den Schild halten. Durch die Masse des gerüsteten Ritters, das (gerüstete) Schlachtross und die Geschwindigkeit des Ansturms konzentrierte sich die ganze Energie auf die Spitze der Lanze, die mit enormer Wucht auf den Gegner aufschlug. Diese Kraft warf den Gegner aus dem Sattel und konnte ihn töten. Wurde aber die Angriffsformation durch den Gegner aufgebrochen, war der militärische Vorteil dahin. Dies haben auch die Muslime beim 1. Kreuzzug erkannt: Sie versuchten, die Pferde ihrer christlichen Widersacher zu töten bzw. sie zu Fall zu bringen. So schrieb ein arabischer Zeuge der Schlacht von Hattin (1187): „Mit dem Pferd ist der Franke

ein Block von Eisen, gegen den alle Schläge wirkungslos bleiben. Wenn sein Pferd tot ist, wird er eine leichte Beute" (Ehlers 2009, 81).

Die Schlachtaufstellung war schwierig und oft schlachtentscheidend. Hatte die Schlacht begonnen, gab es für Heerführer kaum noch Gelegenheit für größeres Taktieren, da sich die Anfangsformation auflöste und in Einzelkämpfe verwandelte. Da ein Ritter zehn einfache Soldaten aufwog, wurden die Formationen so gewählt, dass die Ritter ihr volles Potenzial erreichten. Die andere große Schwierigkeit lag in der richtigen Positionierung wichtiger und privilegierter Ritter und Adliger. Alle wollten ihre Tapferkeit demonstrieren und in der Mitte der Schlacht zahlreiche Gegner besiegen. Da dies aber nicht immer möglich war und man

eine Reserve an Rittern benötigte, war eine Aufstellung für den Heerführer keine leichte Aufgabe. In der Regel wurden die Ritter in einer engen Linie aufgestellt. Stand die Aufstellung, gab es meist eine Ansprache des Heerführers, und das Feldgeschrei verkündete die Bereitschaft der Truppen. Der erste Angriff begann meist mit den Fußtruppen, Bogen- und Armbrustschützen, eventuell auch der leichten Reiterei. Erst mit einigem Abstand folgten die schwer gepanzerten Ritter. Um die Formation so lange wie möglich aufrechtzuerhalten, begann man, die Pferde zunächst im Schritt, dann im Arbeitsgalopp auf den Feind zuzubewegen. Erst kurz vor der gegnerischen Formation wurde die Höchstgeschwindigkeit erreicht. Wurde der erste Angriff vom Gegner abgewiesen, ritt man zur Ausgangsposition zurück und formierte sich neu. Hinter dieser Schlachtlinie führten Knappen Ersatzpferde heran, halfen ihrem Herrn wieder aufs Pferd, falls er aus dem Sattel geworfen worden war, fingen herrenlose Pferde ein und führten gefangen genommene Ritter vom Schlachtfeld.

Seit dem 12. Jh. gab es auch die leichte Reiterei (*sergeants*) als Hilfstruppen in einer Schlacht. Waren die Lanzenangriffe erfolglos bzw. waren alle Lanzen gebrochen, gingen die Ritter in den Nahkampf über. Man versuchte, sich im Schlachtengewirr an Bannern, Heerfahnen und Hornsignalen zu orientieren. Spezielle Stoßtrupps versuchten, die feindliche Linie zu durchbrechen, um den gegnerischen Heerführer zu töten oder die Fahne zu erobern. Daher wurden Heerführer und Fahne von den tapfersten Rittern verteidigt. Viele Könige und hohe Persönlichkeiten verzichteten in der Schlacht auf wertvolle Harnische, Wappen oder Banner, die ihre gesellschaftliche Stellung verrieten und sie somit zum Ziel der Stoßtrupps gemacht hätten.

Oft dauerte der Kampf so lange, bis eine Seite so erschöpft oder dezimiert war, dass sie den Rückzug einleitete. Durch Fußangeln oder Speere im Boden konnte ein Nachrücken des Gegners erschwert und der eigene Rückzug ermöglicht werden. Mit dem Ende der Kampfhandlungen begann man, eigene Verwundete zu bergen und die Toten in einem Massengrab zu begraben. Feindliche Verwundete wurden nur dann behandelt, wenn man für sie ein Lösegeld erwarten konnte; tote Gegner wurden häufig verbrannt. Dass der Tod oft gnädiger war als eine Verwundung, erstaunt bei den geringen medizinischen Kenntnissen der damaligen Zeit nicht.

Die Todesrate unter Rittern konnte sehr hoch sein. So starben in der Schlacht von Azincourt schätzungsweise 5.–6.000 französische Ritter, was etwa 40% der französischen Ritterschaft entsprach. Bei anderen Schlachten mit

großen Kontingenten fanden nur einige Hundert Kämpfer (Ritter wie Fußsoldaten) den Tod, sodass die Todesrate oft variierte. Man muss bei zeitgenössischen Zahlenangaben aber oft vorsichtig sein, da diese oft über- bzw. untertreiben, je nach Nutzen für die eigene Partei. So wurde die Gegneranzahl gerne vervielfacht und die eigenen Verluste wurden verringert, um die eigene Überlegenheit zu demonstrieren. Auch Niederlagen konnten so noch positiviert werden, was der modernen Geschichtswissenschaft aber durchaus Probleme bereitet. Neben dem gewaltsamen Tod auf dem Schlachtfeld starben aber auch viele durch Seuchen und Hunger, der in den Feldlagern herrschte, sodass ein mittelalterliches Heer oft eine Verlustrate von 50% erreichte.

Der Schlachtentod war für Ritter ein erstrebenswertes Ziel. In der Schlacht von Crécy 1346 ritt der alte, erblindete Johann v. Luxemburg in den Kampf – geführt von zwei Kämpfern –, um dort den ehrenhaften Tod zu finden. Schon zu Lebzeiten versuchte Johann, der König von Böhmen und Graf zu Luxemburg war, dem Ritterideal so nah wie möglich zu kommen, was ihn zu einer Berühmtheit machte. Sein Todesritt kann somit als Krönung seines Strebens nach dem Ritterideal gesehen werden. Da aber Schlachten zwischen großen Ritterheeren eher selten vorkamen, unterschied man zwischen Krieg (Große Reiterei) und Fehde (Kleine Reiterei). Der Unterschied lag in der Dimension: Kriege betrafen Länder und Königreiche, Fehden nur Regionen.

„Die **Fehde** galt im Mittelalter, das kein staatliches Gewaltmonopol kannte, als legitime Form ‚privater Gewalt' und bot Adeligen die Möglichkeit, Rechtsansprüche außerhalb der Gerichte – die Gerichtskompetenzen waren stark zersplittert (so lagen Hoch- und Niedergerichtsbarkeit vor Ort oft in den Händen verschiedener Herrschaften) und ein übergeordnetes nationales Gericht fehlte – auf eigene Faust durchzusetzen. Auffällig ist die Diskrepanz zwischen der gut ausgebauten städtischen Gerichtsbarkeit und den vielfältigen außergerichtlichen Möglichkeiten der Konfliktregelung auf dem Land. Da in das Fehderecht wesentliche Elemente des von der adeligen Standesehre geschützten Gewohnheitsrechtes eingegangen waren (Fehde als ritterliches Privileg), ließ sich vielfach nicht eindeutig entscheiden, ob eine Fehde als rechtmäßig oder nicht einzustufen war.

Die Landfriedensvereinbarungen des 12.–14. Jh. brachten keine entscheidende Einschränkung des Fehdewesens. Erst das im Kontext der Ausrufung des *Ewigen Landfriedens* verhängte Fehdeverbot und die Einrichtung des Reichskammergerichtes auf dem Reichstag zu Worms 1495, sollte sich im Laufe der nachfolgenden Jahrzehnte als geeignet zur Einschränkung des Fehdewesens erweisen. Burgen fiel in Fehden eine entscheidende Rolle zu, als befestigte Stützpunkte, von denen aus die fehdeführenden Parteien zu (beschränkten) kriegerischen Aktionen aufbrachen. Ziel war es, dem Gegner materiellen Schaden zuzufügen, sodass vielfach dessen Untertanen unter den Übergriffen zu leiden hatten: Zu diesen gehörten Viehraub, die Vernichtung der Ernte, die Verwüstung von Weinbergen, unrechtmäßige Zollerhebung, Beschlagnahme von Kaufmannsware, Lösegelderpressung. Zahlreiche Sagen berichten davon!

Das Spätmittelalter war im *Heiligen Römischen Reich* (*Deutscher Nation*) von zahlreichen kriegerischen Auseinandersetzungen und Fehden geprägt. Zunehmende Verarmung, Schulden und drohender Verlust von Privilegien bedrohten den ritterlichen Niederadel und trugen dazu bei, dass sich Ritter, trotz des Fehdeverbotes von 1495, dieses ehemaligen Rechtsmittels bedienten, einerseits, um ihre altüberlieferten Rechte zu verteidigen, andererseits aber auch, um sich Einnahmen zu verschaffen. So wurden teils reiche Bürger solcher Städte entführt, denen der Ritter die Fehde erklärt hatte, um Lösegeld zu fordern (im Mittelalter durchaus eine gängige Praxis). Seit dem 15. Jh. gingen Städte militärisch gegen solches Verhalten vor. Es bildeten sich Städtebünde (in denen aber auch Hochadelige und Bischöfe Mitglieder sein konnten), deren Truppen manche Burg belagerten und zerstörten.

Unsicherheit beherrschte das tägliche Leben. Der Ritter Ulrich v. Hutten schrieb um 1520, sobald er aus dem Haus ginge, liefe er Gefahr, auf Leute zu stoßen, *mit denen der Fürst [sein Dienstherr] Fehden hat und die mich anfallen und gefangen wegführen. Habe ich Pech, so kann ich die Hälfte meines Vermögens als Lösegeld darangeben.* Er hielt sich daher Pferde, kaufte Waffen und umgab sich mit zahlreicher *Gefolgschaft, was alles ein schweres Geld kostet. Dabei konnte er keine zwei Äcker unbewaffnet gehen; wir dürfen keinen Bauernhof ohne Waffen besuchen, bei Jagd und Fischfang müssen wir eisengepanzert sein.* Selbst Streit zwischen Bauern konnte Fehde bringen.

Der als ‚Der Letzte Ritter‘ bezeichnete Franz v. Sickingen (1481–1523), ein begüterter, politisch einflußreicher Reichsritter aus der Pfalz, der mit dem Humanisten Ulrich v. Hutten befreundet und Befürworter der Reformation war, versuchte, den politischen Verfall der Reichsritterschaft aufzuhalten. Er fiel in der Sickingischen Fehde bei der Verteidigung seiner Burg Nannstein in der Pfalz gegen ein Heer der Fürsten" (Losse, Kleine Burgenkunde, 2012, S. 101f) (zu v. Sickingen s. Kap. 2.6.4).

2.2.4.9 Wappen – Herolde – Heraldik

Schon früh in der Geschichte des Krieges wurden Erkennungszeichen und Insignien auf dem Schlachtfeld verwendet. Als sich die Waffentechnik im (Früh-)Mittelalter so weit entwickelt hatte, dass ein Mann in Rüstung nicht mehr von seinem Nachbarn zu unterscheiden war, wurde das Bedürfnis nach Erkennbarkeit immer größer. Auf dem Teppich von Bayeux

(11. Jh.) lassen sich zwar Banner und Wimpel erkennen, doch sind keine Embleme, mit Ausnahme des Kreuzes, vorhanden. Besonders bei den großen Truppenansammlungen des 1. Kreuzzuges (1096–1099) wurde die Notwendigkeit einer visuellen Kennzeichnung erkembar. Auch auf Turnieren wurde diese Individualisierung wichtig, da man wissen wollte, wer sein Gegner war. Vor der Zeit des 1. Kreuzzuges finden sich also keine deutlichen Spuren von Wappen.

Der Ursprung des Wortes Wappen (mittelniederländ. *Wâpen,* Waffen) weist auf das lat. *arma* (frz. *Armoiries,* engl. *arms*) hin und zeigt so seinen militärischen Ursprung.

Zuerst wurden auf Schilde individuelle Zeichen angebracht, die eine Identifizierung ermöglichten. Im Laufe der Zeit wurde dann auch auf Übergewändern, Schabracken der Pferde, auf Siegeln und Grabplatten das persönliche Zeichen dargestellt. Daraus entwickelte sich nicht nur eine personenbezogene Erkennbarkeit, sondern auch eine familiäre, die aber in der frühen Entstehungsphase noch großen Umgestaltungen unterworfen war. Erst ab Mitte des 12. Jh. etablierten sich langsam Regeln, wie eine Präsentation auf einem Schild auszusehen hatte.

Die frühesten Beispiele für den Gebrauch eines Wappens lassen sich nur beim Hochadel finden, und so führen die ersten Wappenbücher nur höhere Adlige auf. „Frühe Belege deuten in der Tat darauf hin, daß es eine direkte Verbindung zwischen dem Recht, ein Wappen zu tragen, und dem seit Generationen gültigen Anspruch auf Lehnsgüter und Burgen gab, und daß in der Schlacht nur mit Lehnsland ausgestattete Leute und Anführer eines Kontingents durch persönliche Wappen hervorgehoben waren" (Keen 1987, 194). Erst im 13. Jh. ist hier eine Veränderung zu beobachten. Nun trugen auch der niedrige Adel und Nachkommen von Rittern, die aber selbst nie den Ritterschlag bekommen hatten, Wappen und Wappensiegel. Allgemein kann man sagen, dass das Recht zur Führung

↑ Ritterliches Wappen: Das Wappen der Herren v. Hohengeroldseck und Schenkenzell.

↑ Ritterliches Wappen: Das Wappen des Pierre d'Aubusson, Großmeister des Johanniter-Ritterordens (reg. 1476–1505)

eines Wappens, insbesondere im Spätmittelalter, sehr großzügig gehandhabt wurde. So
konnten Kaufleute, Handwerker, Frauen,
Kleriker, Künstler, Gelehrte und Ärzte ein
Wappen führen.

Aus dieser sich ständig vergrößernden
Menge an Wappen entwickelte sich bald eine
eigene Wissenschaft. Die Wappenkunde, **Heraldik** genannt, systematisierte sich schon
sehr früh und regelte u.a. die Farbgebung der
Wappen. So durften nur neun Tinkturen verwendet werden: als Farben Blau, Rot, Grün,
Schwarz, Purpur, als Metall Gold und Silber
und als Pelzwerk Hermelin und Feh (Eich-
hörnchen). Dass man sich auf neun Tinkturen festlegte, erfolgte aus praktischen Gründen der Erkennbarkeit und vermutlich auch
aus Gründen der technologischen Herstell-
barkeit. Zusätzlich musste auf deren Kombi-
nation im Wappen geachtet werden. So durften Farben nie auf Farben und Metalle nie
auf Metalle gelegt werden.

Die Spezialisten dieser Disziplin nannte man
Herolde. Das Wort stammt vom althd. *hario-
walt* (Heerwalter); es wurde in andere europäische Sprachen übernommen, und der Begriff
Heraldik leitet sich davon ab. Herolde entwickelten sich zu anerkannten Experten mit eigener Zunft und traten im ausgehenden Mittelalter mit eigener Kluft und eigenem Stab auf. Ihre Kenntnisse beschränkten sich nicht auf die
Wappenkunde (z.B., um die Turnierfähigkeit
mittels Ahnenprobe zu prüfen); sie konnten als
Botschafter zwischen Kriegsparteien fungieren,
da sie Immunität genossen. Bei Fragen der Ge-
nealogie, Stellung in der Hierarchie oder der
Geschichte wurden sie zu Rate gezogen. Sie
selbst arbeiteten auch als Historiografen für die
Adelsfamilie.

Das Wappen- und Heroldswesen ist bis heute ein nonverbales Kommunikationsmittel,
welches dem Kundigen alle wichtigen Informationen liefert, die er über sein Gegenüber
wissen muss.

2.2.4.10 Ganerbenschaften

Es wird an anderer Stelle in diesem Buch der
Begriff der Adelsburg erläutert (s. Kap. 3),
doch waren nicht alle Adelsburgen nur von einer Familie bewohnt. Insbesondere im Spätmittelalter gab es zahlreiche von mehreren
Familien oder Familienzweigen bewohnte sog.
Ganerbenburgen. Der Begriff leitet sich vom
althochdeutschen Wort *gan* (gemein[sam]) ab.
Oft führte Erbfolge zur Besitzteilung innerhalb einer Burg oder diese kam durch Teilver-
kauf einer Burg zustande. Auch wurden Burgen im gemeinsamen Besitz adeliger Interes-
sengruppen als Ganerbenburgen bezeichnet.

↑ Burg Eltz in der Eifel, eine Ganerbenburg; die Turmhäuser der einzelnen Familienzweige sind wie Reihenhäuser
aneinandergebaut.

Die verschiedenen Besitzbereiche der Anteilseigner (*Gemeiner*) sind vielfach nicht mehr architektonisch nachvollziehbar, sondern nur über (Burgfriedens-)Verträge zu erschließen, die besagen, welche Bauteile innerhalb der Ganerbenburg gemeinsamer und welche „privater" Besitz waren. Die einzelnen Teilbereiche einer Ganerbenburg konnten teils deutlich gegeneinander abgegrenzt und separat befestigt sein („Burg in der Burg"), d.h., jeder Bereich war mit eigenem Wohnturm oder eigener, aus Wohnbau, Bergfried/Wohnturm und Ringmauer bestehender Baugruppe versehen. In der berühmtesten Ganerbenburg Deutschlands, der Burg Eltz in der Eifel, umgeben die aneinandergebauten Wohntürme bzw. spätmittelalterlichen Turmhäuser der einzelnen Familienzweige den Hof der Hauptburg fast lückenlos (sog. Hausrandburg).

Teils hatten große Ganerbenburgen alleine oder als bauliche Einheit mit der Burgsiedlung stadtartigen Charakter, wie im Spätmittelalter in der Wetterau (Hessen). Mancherorts bildeten (hochadelige) Burgen eine bauliche Einheit mit den ihnen angegliederten Burgmannensitzen, wobei jene reihenhausartige Einheiten bildeten (z.B. Burg Gräfenstein/Pgalz) oder voneinander separiert sein konnten.

Da die meisten Adeligen einem höherrangigen Herrn dienstverpflichtet waren, wozu auch Heeresfolge in Krieg oder Fehde gehörte, bestand in Ganerbenburgen teils die Gefahr, von einem auf den anderen Tag mit einem anderen Bewohner der Burg „verfeindet" zu sein. Burgfriedensverträge legten daher für manche Ganerbenburg fest, dass jeweils nur eine bestimmte Anzahl der Anteilseigner anwesend sein durfte.

2.3   Hof und Minne

2.3.1   Der Hof

Die Höfe der mittelalterlichen Fürsten, Könige und Kaiser waren die Zentren der ritterlichen Sehsüchte. Diese Höfe befanden sich meist dort, wo sich auch der Herrscher befand. Besonders in Deutschland kann man von einem Reisekönigtum sprechen.

Seit dem Frühmittelalter reiste der Herrscher umher, um Recht zu sprechen oder seine Präsenz zu zeigen. Meist fand er Unterschlupf in Pfalzen, Klöstern oder Städten. Einer der bedeutendsten Orte war Aachen, wo Karl der Große seine Residenz bauen ließ.

War der König jedoch auf Heerzug oder auf Reisen, bildete das königliche Zelt das höfische Zentrum. Hier wurde die Herrschaft dargestellt und gelebt. Viele wollten daran teilhaben und strömten zu diesen Zentren, um sich in ihrem Ruhm zu sonnen und ihren sozialen Rang zu behaupten. Andere versuchten, Eingang in diese Welt zu bekommen und daran teilzuhaben.

Viele Ritter zog es an die Höfe der Fürsten, die im Laufe des Mittelalters großen Reichtum und Macht erworben hatten, weil sie sich hier erhofften, Glück und Erfolg zu finden. Schon zur damaligen Zeit wurde das Phänomen „Hof" erkannt und zu umschreiben versucht. Der englische Gelehrte Walter Map (*1209/10) schrieb: „Ich lebe am Hof und ich spreche vom Hof, aber ich weiß nicht, was der Hof ist." Wenig später ergänzte er: „Nur Gott weiß das." Kaiser Friedrich der II. umschrieb es mit den Worten: „wo unsere Person und die Großen zusammenkommen" (MGHConstitutiones).

Somit war der Hof das Zentrum eines sehr komplexen Gebildes. Hier kamen alle wichtigen mittelalterlichen Aspekte der politischen, administrativen, kulturellen und sozialen Bereiche zusammen. Interessant ist auch das lateinische Wort für Hof: *curia*. Dieses Wort setzte sich im Hohen Mittelalter gegen eine Anzahl anderer Bezeichnungen durch. Noch im Frühmittelalter sprach man auch von *palatium*, *domus* oder *aula*, doch diese Begriffe wurden mehr und mehr verdrängt. So spricht man noch heute von der *Kurie*, wenn man vom päpstlichen Hof spricht.

Zu unterscheiden sind auch die Personen, die sich am Hof befunden haben, da ein stetiges Kommen und Gehen den Hof kennzeichnete. So gab es eine kleine Gruppe von Personen, die ständig am Hof verweilten. Dazu sind Berater, Beamte oder Geistliche zu zählen, die einen administrativen Dienst leisteten, aber auch Köche, Knechte und Fuhrleute befanden sich darunter, die das tägliche Leben des Hofes garantierten. Daneben gab es noch diejenigen, die nur temporär am Hof verweilten. Hierzu sind die weltlichen und geistlichen Großen des Reiches bzw. der Herrschaft zu zählen.

Dieses vielseitige und komplizierte Konstrukt des Hofes war streng hierarchisch gegliedert und hatte eine eigene Hofstruktur (Hofkapelle, Kanzlei usw.). Der Hof musste im Notfall sehr mobil sein, um auf Krisen, Krieg oder andere Ursachen schnell reagieren zu können. Aus diesem Grund dürfte der innere Zirkel eines königlichen Hofes nur aus einigen hundert Personen bestanden haben.

Dennoch gab es auch Superlative im Mittelalter. Das Mainzer Hoffest von 1184 soll angeblich mehr als 80.000 Personen angezogen haben. Doch blieb dies die Ausnahme.

Der Hof in der hochmittelalterlichen Blütezeit des Rittertums war Dreh- und Angelpunkt für Wissen, Geld und Macht. Hier suchte und fand man künftige und alte Ritter, deren Lebensform und Moral. „Der Hof war nicht die Welt, aber er repräsentierte sie. Die Minne, das höfische Benehmen, das Kampfspiel und die Intrigen waren nicht bloßer Zeitvertreib reicher Adliger, sondern der Versuch, mit zunächst recht einfachen Mitteln die Umwelt zu gestalten und seinen Platz in ihr zu finden" (Brunner/Daim 1981, 128).

2.3.2 Höfisch

An diesen Höfen entwickelte sich ein ritterlicher Verhaltenskodex, der seit dem 12. Jh. mit dem lateinischen Wort *curialitas* bzw. mhd. *hövescheit* beschrieben wird.

Diese Vorschriften zeigen einen Wandel vom rohen Krieger zum manierlichen Höfling und beinhalten innerliches wie äußerliches Handeln und Benehmen. Konkret bedeutet dies Werte wie Demut, Freundlichkeit, Tapferkeit, Großzügigkeit und Treue, die von einem Ritter verlangt wurden. Zusätzlich musste er aber auch noch Anstand, Würde und Zurückhaltung besitzen. Diese ritterlichen Tugenden waren aber keine statischen oder theoretischen Konstrukte, sondern mussten wieder und wieder praktiziert und unter Beweis gestellt werden. Die eiserne Selbstkontrolle, die einen hohen Stellenwert innerhalb dieser Gesellschaft einnahm und jede Art von Lust, Gelüsten oder Spaß reglementierte, führte aber auch zu einer stetigen Verfeinerung des ritterlichen Benehmens. Schon die Knappen mussten diese Verhaltensweisen von ihren klerikalen Lehrern lernen und üben. Diese speziellen Unterweisungen waren aber nur einer reichen und mächtigen Familie vorbehalten, weil nur sie sich solche Lehrer leisten konnten. Einfache Ritter, die diese Ausbildung kaum oder gar nicht durchliefen, konnten von den gebildeteren Rittern schnell an ihren Umgangsformen ausgemacht werden. Dadurch entstand aber auch eine Dekadenz und Abgehobenheit innerhalb der Ritterschaft, die sich nicht nur in der Mode, sondern auch im unziemlichen Umgang mit den edlen Damen widerspiegelte.

Die Kirche erkannte schon bald die Diskrepanz zwischen dem Gelehrten und Gelebten und versuchte dem entgegenzuwirken, nicht zuletzt auch deswegen, weil ihr die hervorgehobene Machtstellung innerhalb der Höfe durch Intrigen, Lügen, Schmeicheleien und böse Nachrede immer mehr zu entgleiten drohte.

So waren die ritterlichen Tugenden in der Realität nichts anderes als eine Idealvorstellung, welche aber nur sehr selten auch so gelebt wurde.

2.3.3 Minne

Mit dem Begriff *minne* verbinden viele das Bild eines Mannes, der am Fuße eines Turmes oder Balkones sitzt oder sogar kniet, singt oder auf einer Laute spielt, um seine Angebetete in Verzückung zu bringen. Doch diesen Aspekt der sehnsuchtsvollen Liebe, der auch eine Körperlichkeit mit einschließt, meinte der Begriff *minne*, der aus dem Mittelhochdeutschen kommt, zunächst nicht. Vielmehr verstand man darunter eher eine nichtsexuelle Liebe, z.B. innerhalb der Familie oder eine Liebe zu Gott. Man kann also einen Wandel in der Bedeutung des Begriffes im Laufe der Zeit feststellen.

Wer heute den mittelalterlichen Minnesang verstehen will, muss die damalige Gesellschaft verstehen. Hier herrschten die verschiedensten Regeln und Bräuche des gemeinsamen Miteinanders. Besonders der Umgang mit Frauen, die in dieser Gesellschaft meist nur eine untergeordnete Rolle spielten, war für den Ritter oft nicht leicht. Er war für den Krieg ausgebildet worden und tat sich sicherlich schwer, die edlen Damen zu verstehen. Die Frau war zwar die Herrin des Hofes oder der Burg, doch sie hatte sich dem Willen ihres Mannes oder der Familie zu unterwerfen. Dies konnte auch die Zwangsheirat bedeuten, wenn es für die Dynastie nützlich war. Dennoch musste der Dienstmann oder Ritter ihres Mannes diesem Geschlecht, besonders wenn es aus dem Adel entstammte, Respekt und Achtung entgegenbringen. Aus dieser Situation heraus entwickelte sich eine Art keckes Spiel zwischen dem untergeordneten Ritter und der Herrin des Hauses.

In dieser Kunst taten sich insbesondere diejenigen hervor, die kaum über Besitz oder Land verfügten oder im Gefolge eines Herrn dienten. Sie versuchten nun den Respekt der Ritterschaft und des Adels dadurch zu erlangen, dass sie von Hof zu Hof zogen und der Herrin des Hauses oder einer anderen hohen weiblichen Dame „den Hof machten". Wenn die Mühen Erfolg hatten, durfte er an der Tafel der Frau Platz nehmen. Eine weitere Möglichkeit war es, am Turnier teilzunehmen und den Frauen dort aufzufallen, um somit eine begehrte Stelle am Hof zu ergattern.

Da die „Hohe Minne" für den Mann oft sehr unbefriedigend war, entstand nebenher die „Niedere Minne". Bei dieser Minneform wurden die körperlichen Gelüste ausgelebt, die durch die Sittsamkeit der „Hohen Minne" verwehrt blieben. Ziel waren die unverheirateten, meist in der gesellschaftlichen Hierarchie niedriger stehenden Frauen, die dem Werben auch nachgaben und dem Ritter eine Ersatzbefriedigung verschafften.

Die mittelalterliche Minnelyrik kam im 11. Jh. in der Provence auf und verbreitete sich von dort nach Europa. Heute ist die Minnelyrik in Büchern überliefert, doch war dies im Mittelalter anders. Hier wurde die Literatur mit Musik vorgetragen. Dabei kamen Fibel, Harfe oder die Drehleier zum Einsatz. Es kam auch vor, dass ein Herr mehrere Minnesänger an seinen Hof rief, um einen Sängerwettstreit zu veranstalten, wie es 1207 von Hermann v. Thüringen ausrichten ließ.

Erst im Laufe des Mittelalters begann man, die große Epen wie z.B. das Nibelungenlied, die Edda oder die Artusromane aufzuschreiben.

Auch wenn die Minne untrennbar mit dem Rittertum verbunden zu sein scheint, so hatte sie doch nur eine kurze Blütezeit in Deutschland. Viele Sänger gaben die Hohe Minne auf oder bevorzugten fast ausschließlich die Niedere Minne. Dennoch wurde die Minne vom

Bürgertum des 15. Jh. übernommen und fand ihren Widerhall in den Zünften der Meistersänger.

In der Manessischen Handschrift lassen sich viele Minnesänger finden, die im 12. und 13. Jh. diese Kunst ausübten. Der wohl bekannteste war Walther von der Vogelweide (ca. 1170–1230). Er gilt als einer der bedeutendsten mittelhochdeutschen Lyriker seiner Zeit. Über Walther selbst ist nicht viel überliefert. So fehlen genaue Lebensdaten oder Herkunft. Vermutlich stammt er aber aus Österreich, wo er auch die Dichterkunst erlernte und mehr als einmal den Hof zu Wien aufsuchte. Lange ging man von einer adligen Herkunft aus, doch die neueste Forschung zweifelt dies stark an. Der Berufsdichter verdiente sein Geld an den unterschiedlichsten Höfen der damaligen Zeit. So lässt er sich 1203 beim Passauer Bischof Wolfger v. Erla finden, wo er die fürstliche Summe von 5 Goldmünzen bekam, was die Wertschätzung, die man ihm entgegenbrachte, aufzeigt. Vermutlich 1220, nach 30 Jahren als fahrender Dichter, bekam er von Kaiser Friedrich II. ein Lehen, was ihm nun die finanzielle Sicherheit, nach der er sich so lange gesehnt hatte, gewährte.

Walther definierte die Minne so:

Nideriu minne heizet diu sô swachet
daz der muot nach kranker liebe ringet:
diu minne tuot unlobelîche wê.
("Niedere Minne heißt, die so zu erniedrigt,
dass der Sinn um nichts ringt als um gemeine Lust:
der Schmerz aus solcher Minne bringt nur Verachtung ein.")

Oswald von Wolkenstein

Oswald von Wolkenstein, der aus Südtirol stammte und der um 1376/78 geboren wurde, wird gerne als letzter Minnesänger tituliert. Zu seiner Zeit war er aber nur einem kleinen Kreis bekannt, was in krassem Gegensatz zu seinem heutigen Bekanntheitsgrad steht, da er mittlerweile als der bedeutendste spätmittelalterliche Dichter im deutschsprachigen Raum gilt. Doch diese Reduzierung auf seine Lyrik wird ihm nicht gerecht, war er doch auch Adliger, Ritter, Politiker und Diplomat.

Oswald durchlief die üblichen Stationen eines Ritters. Mit zehn Jahren wurde er einem fahrenden Ritter mitgegeben, wodurch er vieles vom spätmittelalterlichen Europa kennenlernte. So kam er ins Baltikum, nach Skandinavien, auf die Britische Insel, Westeuropa und sogar nach Kleinasien. Er lernte alles, was ein Ritter wissen und können musste, und wurde vermutlich Ende der 1390er-Jahre zum Ritter geschlagen. Da er der zweitgeborene Sohn der Familie war, hatte er keine Aussichten auf ein standesgemäßes Leben. Geldsorgen waren zeitlebens allgegenwärtig. Dies hinderte ihn aber nicht daran, 1409/10 ins Heilige Land zu pilgern. Nach langem Streit mit seinem Bruder gelang es ihm, zumindest einen Teil des väterlichen Erbes zu bekommen. So verwundert es nicht, dass er erst mit 40 Jahren Margarethe von Schwangau ehelichte. 1414 sollte ein Wendepunkt in seinem Leben sein. König Sigismund berief das größte Konzil des Mittelalters in Konstanz ein. Hier konnte Oswald durch sein Können nicht nur den Hochadel, sondern auch den König selbst beeindrucken. Dieser machte ihn u.a. zu einem königlichen Diplomaten.

Da er sich aber bei einer Rebellion gegen den Tiroler Herzog Friedrich IV. beteilige, verbrachte er einige Zeit in dessen Kerker. 1431 war er wieder als Diplomat für den Kaiser tätig sein. Er starb am 2.8.1445 in Italien.

Berühmt wurde er aber durch eine Sammlung seiner Werke, die er schon zu Lebzeiten anfertigen ließ. 126 Gedichte mit den dazugehörenden Melodien ließ er in zwei Prachtbänden niederschreiben. Auch wenn diese Bände wohl nicht zur Veröffentlichung gedacht waren, sondern vermutlich für seine Familie, war eben diese Sammlung dafür verantwortlich, dass er außerhalb der Fachwelt auch heute noch bekannt ist.

Hôhiu minne heizet die da machet
daz der muot nâch hôder wirde ûf swin-
    get:
diu winket mir nû, daz ich mit ir gê.
(„Hohe Minne heißt, die da macht,
dass der Sinn sich aufschwingt zu den
    höchsten Werten.
Sie winkt mir jetzt, dass ich ihr folgen
    soll.")

(aus: Schweikle, 366 f.)

Man kann sagen, dass es sich bei dieser Art
von Dichtung um eine Werbungslyrik handelt, die das Ziel hatte, die Gunst der angebeteten Dame zu erlangen. Sie war eine Kunst-
form der höfischen Gesellschaft. Mit ihr wurde das Ideal der Liebe artikuliert, wobei aber
die persönlichen Gefühle des Dichters keine
Rolle spielten.

2.3.4 Höfische Romane berühmter Ritter: das Beispiel Hartmann von Aue

Die Geschichten über König Artus und die
Ritter der Tafelrunde faszinierten nicht nur
die höfischen Zuhörer des Mittelalters, sondern auch das heutige Publikum, das es in
Film, Fernsehen und Literatur immer noch
findet. Diese Begeisterung für den Erzähl-
stoff machte Männer wie Chrétien de Troyes,
Wolfram v. Eschenbach oder Gottfried v.
Straßburg zu Berühmtheiten. In dieser Epik
findet die ritterlich-höfische Gesinnung, in
ihrer idealsten Weise, den meisterhaftesten
Ausdruck. Der Artusroman ist also eine Art
Gegenstück, denn er ist „ganz bewußt in freier Fiktionalität als Utopie, Wunschvorstel-
lung und Erziehungskonzept für eine bessere
Welt gegen die außerordentlich rauhe, stets
von Krieg, Gewalt und Tod bedrohte Wirklichkeit des ‚real existierenden Feudalismus'
angeschrieben, was als Flucht in die beruhi-

gende und glücklichende Illusion sicherlich
einen Teil seines überwältigenden Erfolgs
ausmacht" (Bräuer 1990, 314).

Hartmann v. Aue: ‚Erec' (nach 1180) und ‚Iwein' (nach 1200)

Hartmann v. Aue gilt als einer der bedeut-
samsten Vertreter der deutschsprachigen Ar-
tusepik. Dabei kann man ihn nur schlecht historisch fassen, weil seine Lebensdaten unbekannt sind. Sicher ist nur eine Herkunft aus
dem deutschsprachigen Südwesten.

Der Artusroman ‚Erec' von Hartmann,
dessen Basis der Roman ‚Erec et Enide' von
Chrétien de Troyes bildet, ist der erste bislang bekannte deutschsprachige Artusroman.
Er entstand wohl kurz nach 1180 und ist fast
komplett in nur einer Handschrift überliefert. Er dürfte ca. 10.350 Verse umfasst haben
(überliefert sind 10.192) und ist damit erheblich länger als der Roman des Chrétien de
Troyes (ca. 7.000 Verse). Die zentrale Rolle im
‚Erec' spielen Tugenden wie Ehre und Minne.
Um als vollkommener Ritter wahrgenommen zu werden, muss Erec den Hof verlassen, sich bewähren und seine ritterliche Ehre
herstellen.

Der ‚Iwein' entstand nach 1200 und gilt als
Gegenstück zum ‚Erec'. Während Erec durch
seine tiefe *minne* das *aventiure* (Abenteuer, um
sich zu bewähren/ritterliche Selbstbehauptung) zunächst vernachlässigt, ist es bei Iwein
genau andersherum. Iwein legt seine Priorität
klar auf *aventiure*. Die Quintessenz aus beiden
Romanen ist die Notwendigkeit eines Gleich-
gewichts zwischen *aventiure* und *minne*, da
sonst auch das höfische Gleichgewicht gestört
wird. Ein guter Ritter wahrt sowohl die Minne
als auch die Ehre (durch höfische Aktivität). In
beiden Romanen steht das (Wieder-)Herstel-
len der Ritterehre im Mittelpunkt.

2.4 Ritterorden

Zu den interessantesten Themen mittelalterlicher Geschichte gehören die Ritterorden, die heute jenseits der wissenschaftlichen Literatur in Büchern und Filmen oft – je nach Sichtweise – glorifiziert, verteufelt oder esoterisch-verkitscht dargestellt werden; Letzteres gilt insbesondere für den geistlichen Ritterorden der Templer. Grundsätzlich zu unterscheiden sind geistliche und weltliche Ritterorden, wie im Folgenden zu zeigen sein wird.

Geistliche Ritterorden sind während der Kreuzzüge im Hochmittelalter (ab/nach 11. Jh.) entstandene Ordensgemeinschaften, die ritterliche und mönchische Ideale verbanden und nach für ihre Mitglieder verbindlichen Regeln lebten. Sie waren letztlich *monachus et miles* („Mönch und Ritter"). Gegründet wurden sie urspr. als Hospitalbruderschaft (Johanniter), zu Schutz und Geleit von Pilgern im „Heiligen Land" und/oder zur Verteidigung der heiligen Stätten der Christen gegen islamische Mächte. Voraussetzungen zur Ordensmitgliedschaft waren Armut, Keuschheit, Gehorsam und Waffendienst. Zur Aufnahme waren strenge Kriterien zu erfüllen, z.B. der Nachweis adeliger Abstammung über mehrere Generationen bei den Johanni-

---

Kommende

Kommende (von lat. c*ommendare*, anvertrauen) hieß die Niederlassung eines Ritterordens, die ein Komtur leitete (daher auch Komturei genannt). Mehrere Komtureien bilden eine Ordensprovinz. Kommenden unterschieden sich baulich oft nicht von Burgen bzw. später Schlössern, doch gehörte eine Kirche zum Baukomplex. Manche Kommenden gingen aus dem jeweiligen Orden geschenkten Adelssitzen hervor, so z.B. in Adenau (Eifel), wo Graf Ulrich v. Are-Nürburg (um die Mitte des 12. Jh.) seinen dortigen Herrenhof dem Johanniter-Ritterorden vermachte, nachdem er für sich die Nürburg erbaut hatte.

---

tern. Durch Besitzschenkungen in zahlreichen Regionen Europas und im „Heiligen Land" und daraus resultierenden Gründungen zahlreicher Niederlassungen (Kommenden, Komtureien) kam es zu weitreichenden internationalen Vernetzungen der Orden, die so zu wichtigen politischen und militärischen Machtfaktoren und gesuchten Bündnispartnern wurden.

Das Ende der christlichen Herrschaft im „Heiligen Land" 1291 brachte für die geistlichen Ritterorden den Verlust wesentlicher Bereiche ihrer Ursprungsaufgaben. Nach dem Ende bzw. Scheitern der Kreuzzüge kam es zum Niedergang des geistlichen Ritterordens der Templer, dessen Reichtum König Philipp IV. von Frankreich (reg. 1285–1314) verführte, Papst Clemens V. (reg. 1305–14) zur Auflösung des Ordens zu drängen, die am 3.4.1312 erfolgte. Andere geistliche Ritterorden konnten eigene Territorien bzw. Staaten abseits des „Heiligen Landes" etablieren – der Deutsche Orden im heutigen Polen, der Johanniter-Orden auf der griechischen Insel Rhódos und in der Ägäis (1307–1522). Nach und nach gelang es weltlichen Herrschern, geistliche Orden zu instrumentalisieren oder zu entmachten; sie „okkupier[t]en [...] Ordensgemeinschaften für ihre Ziele. Äußerer Glanz und weltlicher Pomp zersetz[t]en das innere Gefüge von Religiosität, Nächstenliebe und Askese. Die Gemeinschaften aristokratisier[t]en sich", sie wurden in dieser Phase „zu einer Art Vorläufer der weltlichen Orden" (Nimmergut 2007, 12).

Für die geistlichen Ritterorden, die bis ins Spätmittelalter und darüber hinaus Bestand hatten, brachte jene Spätphase vielfach eine Art des primären Wahrens ihres Besitzstandes und ihrer Privilegien, während das Spitalwesen oft in den Hintergrund rückte, ausgenommen bei den Johannitern auf Rhódos (1307–1522) und später auf Malta (1530–1789). Manche Orden wurden zu Versorgungsinstitutionen nachgeborener Söhne des Hochadels, wenn auch die Johanniter bis weit in die Neuzeit hinein im Abwehrkampf gegen das expandierende, immer wieder auch Zentraleuropa bedrohende Osmanische Reich standen.

Die drei großen geistlichen Ritterorden (Johanniter/Malteser, Templer, Deutscher Orden) überlebten die Reformation und Säkularisation. Sie wurden im 19./20. Jh., teils reorganisiert, Träger sozialer Einrichtungen (z.B. Johanniter-Unfallhilfe, Malteser-Hilfsdienst).

Auf der Iberischen Halbinsel gründeten sich in der 2. Hälfte des 12. Jh. mehrere Ritterorden, welche die Gebiete des heutigen Portugal und Spanien im Rahmen der *Reconquista* von den muslimischen Besatzern zurückzuerobern halfen.

Seit dem 13. Jh., und zunehmend ab Mitte des 14. Jh., entstanden von Monarchen, Fürsten und Hochadeligen gestiftete höfische Ritterorden, die mit deren Dynastien verbunden waren und mittels derer sich diese Herrscher eine zuverlässige Hausmacht verschaffen wollten. Solche höfischen Ritterorden waren ein Element des sich im Spätmittelalter ausprägenden Hofadels. Zu nennen sind hier z.B. der Orden vom Goldenen Vlies in Burgund (gegr. 1430) und der (seit dem 19. Jh. sog.) **Schwanenorden** der Hohenzollern, dessen Name vom Symbol des Schwans an der Ordenskette herrührt. Kurfürst Friedrich II. v. Brandenburg (reg. 1440–70) hatte 1440 die *Gesellschaft Unserer Lieben Frau* in der Marienkirche auf dem Harlunger Berg nahe Brandenburg gegründet. Eine „oberdeutsche Zunge" (zum Begriff der „Zunge" s. Johanniter-Orden) begründete 1459 Markgraf Albrecht Achilles (reg. 1437–86); deren Sitz wurde die St.-Georgs-Kapelle in Ansbach.

Bis heute hat das Adelsprinzip für manche dieser Orden Bedeutung, so für den Orden vom Goldenen Vlies (Österreichischer Zweig), die Königlichen Hausritterorden in Bayern

und den Malteserorden, „wobei teilweise gestufte Mitgliedschaften existieren" (Weiß, Ritterorden [HLB]).

Noch im 18./19. Jh. wurden Ritterorden neu- oder wiederbegründet, etwa die bayerischen Hausritterorden St. Georg und St. Hubertus oder der **Ritterorden vom Hl. Grab** (lat. *Ordo Equestris Sancti Sepulcri Hierosolymitani*, kurz: OESSH). Letzterer hatte eine sehr spezielle Entstehungsgeschichte: Nach dem Ende des christlichen Königreichs Jerusalem baten – nachweislich seit den 1330er-Jahren – Jerusalem-Pilger (anfangs nur Adelige) um den Ritterschlag beim „Heiligen Grab", den der dortige Guardian des Franziskaner-Ordens erteilte. Seit Ende des 15. Jh. „wurde seine Erteilung ein Vorrecht der Franziskaner auf dem Berg Sion" (Weiß, HLB). Die Ritter vom Heiligen Grab, in der Umgangssprache „Grabritter" genannt, gingen die Verpflichtung ein, für den Unterhalt des Hl. Grabes zu sorgen. Es war Papst Pius IX. (reg. 1846–78), der 1868 alle Ritter vom Heiligen Grab als päpstlichen Ritterorden organisierte, d.h. als einen in direktem Bezug zum „Heiligen Stuhl" stehenden Orden, dessen vorrangige Aufgabe es sein soll, die Christen im „Heiligen Land" und den lateinischen Patriarchen in Jerusalem in der Wahrnehmung seiner Aufgaben zu unterstützen. Ab 1561 wurden Namenslisten der am „Heiligen Grab" zum Ritter geschlagenen Personen geführt.

2.4.1 Geistliche Ritterorden

Nach dem 1. Kreuzzug (1096–99) und der Eroberung Jerusalems entstanden im „Heiligen Land" vier Kreuzfahrerstaaten (*Outremer*). Hier entwickelten sich aus Hospital-/Pflegebruderschaften die drei großen geistlichen Ritterorden:
- die **Johanniter** (Hospitaliter),
- die **Templer** (Tempelherren),

– der **Deutsche Orden** (Deutschherren, Deutschritter).

Nach deren Ausprägung gehörten Hospitalwesen sowie militärischer Schutz der Christen und ihrer Besitzungen in *Outremer* zu ihren Primäraufgaben. 1139 schrieb Bernhard von Clairvaux, der die Ordensregel der Templer inspirierte, sein „Lob der neuen Ritterschaft" (*Liber ad Milites Templi de laude Novae Militae*), eine Schrift, in der er die Synthese aus Mönchs- und Rittertum lobt.

Kreuzritter und Kreuzfahrer

Nach dem Aufruf Papst Urbans II. (reg. 1088–99) 1095 begannen 1096 die christlichen Kreuzzüge mit dem Anspruch, das innerhalb muslimisch beherrschten Gebietes in Jerusalem gelegene „Heilige Grab" Christi zu „befreien" und christlichen Pilgern ungehindert zugänglich zu machen. Im Kontext dieser Kreuzzüge kam es zur Ausprägung erster geistlicher Ritterorden, deren Basis eine innovative Synthese aus den Idealen des Rittertums mit den von Askese, Gebet und Kontemplation bestimmten

Geiſtliche Ritterorden: 1 Großmeiſter des Deutſchen Ordens. 2 Templer. 3 Erſter Großmeiſter der Johanniter. 4 Goldenes Vlies. — Einzelne Ordenszeichen: 5 Chriſtusorden. 6 Seraphinorden. 8 Orden St. Jakob. 8 Calatravaorden. 9. Heiliger Geiſtorden.

↑ Geistliche Ritterorden in einer möglichst nahen grafischen Darstellung

Mönchsidealen bildete. Theoretisch untermauert wurden diese Gemeinschaften durch die vom Hl. Bernhard v. Clairvaux († 1153) verfasste Rechtfertigungsschrift *De laude novae militiae* (s.o.), welche das Ideal vom *monachus et miles* („Mönch und Ritter") vereint in einer Person propagierte und so die Grundlage der geistlichen Ritterorden festschrieb.

Wichtig ist die – vielfach in der populärwissenschaftlichen Literatur nicht unternommene – Unterscheidung zwischen einerseits Kreuzrittern, d.h. Angehörigen der geistlichen Ritterorden, und andererseits Kreuzfahrern, d.h., Rittern, die sich auf einen Kreuzzug begaben. Johannitern und Templern war es sogar untersagt, das Kreuzfahrtgelübde abzulegen. Das widerspricht dem Klischee vom Kreuzritter, doch bestand der gewichtige Unterschied zwischen Rittern, die „das Kreuz nahmen", wenn der Papst einen Kreuzzug ausrief, und den Rittern der beiden genannten Orden darin, dass sich letztere im ständigen Kriegszustand gegen alle „Ungläubigen" befanden; und so nahmen auch Ordensritter an Kreuzzügen teil, ohne Kreuzfahrer zu sein.

Im 13. Jh. rekrutierten sich die Streitkräfte im lateinischen Syrien weitgehend aus Mitgliedern der Johanniter und der Templer. Ihre Führungsspitzen gehörten zu den wichtigsten politischen Persönlichkeiten im lateinischen Osten. Die Orden verfügten über Land und Einkünfte, u.a. aus der Zuckerproduktion. Im lateinischen Königreich (mit der Hauptstadt Akkon, frz. *St. Jean d'Acre*) kontrollieren sie faktisch unabhängige Grenzmarken; sie dehnten ihren Einfluss ins Fürstentum Antiochia und ins Königreich Armenien aus und verhandelten teils sogar selbstständig mit moslemischen Führern. Das oft eigenmächtige Handeln der Orden und ihre Privilegien erbrachten ihnen aber letztlich viele Feinde. So wurde 1274 auf dem Konzil von Lyon starke Kritik an ihnen geübt und eine Zusammenlegung von Johanniter- und Templerorden angeregt, um

gegeneinandergerichtete Aktivitäten zu beenden und die gebündelten Kräfte gegen die gemeinsamen äußeren Feinde zu richten.

2.4.1.1 Johanniter-/Malteser-Ritterorden (Hospitaliter, Rhodiser)

(Dieses Kapitel bietet Auszüge aus: Michael Losse: Die Kreuzritter von Rhodos – Bevor die Johanniter Malteser wurden, Ostfildern 2011.)

Der *Ordo militiae Sancti Ioannis Baptistae hospitalis Hierosolymitani* (Ritterorden des Heiligen Johannes des Täufers vom Jerusalemer Hospital), der im Laufe seiner Geschichte auch unter den Namen Hospitaliter, Johanniter, Rhodiser und Malteser bekannt war; trägt heute die offizielle Bezeichnung „Souveräner Ritter-Orden vom Hospital des Heiligen Johannes zu Jerusalem, genannt von Rhodos, genannt von Malta".

Geschichte

Der Johanniter-Orden gilt fälschlich als der älteste geistliche Ritterorden, doch urspr. waren die Johanniter keine Ritter: Zwar sind die Anfänge des Ordens nicht umfassend geklärt; wahrscheinlich ist aber, dass Kaufleute aus der Handelsstadt Amalfi/Italien zwischen 1048/71 mit Billigung des Kalifen in Jerusalem ein Hospital für arme und kranke Pilger gründeten, das eine Laienbruderschaft führte. Es handelte sich um eine Mischform aus Herberge, Gasthaus, (Obdachlosen-)Asyl, Sozialstation und Krankenhaus. Grundlage der Gründer und Träger des Hospitals war das Prinzip christlicher Nächstenliebe.

Bruder Gérard († 3.9.1120), Leiter des Hospitals am Ende des 11. Jh., war der eigentliche Ordensgründer. Er erreichte 1113 die Anerken-

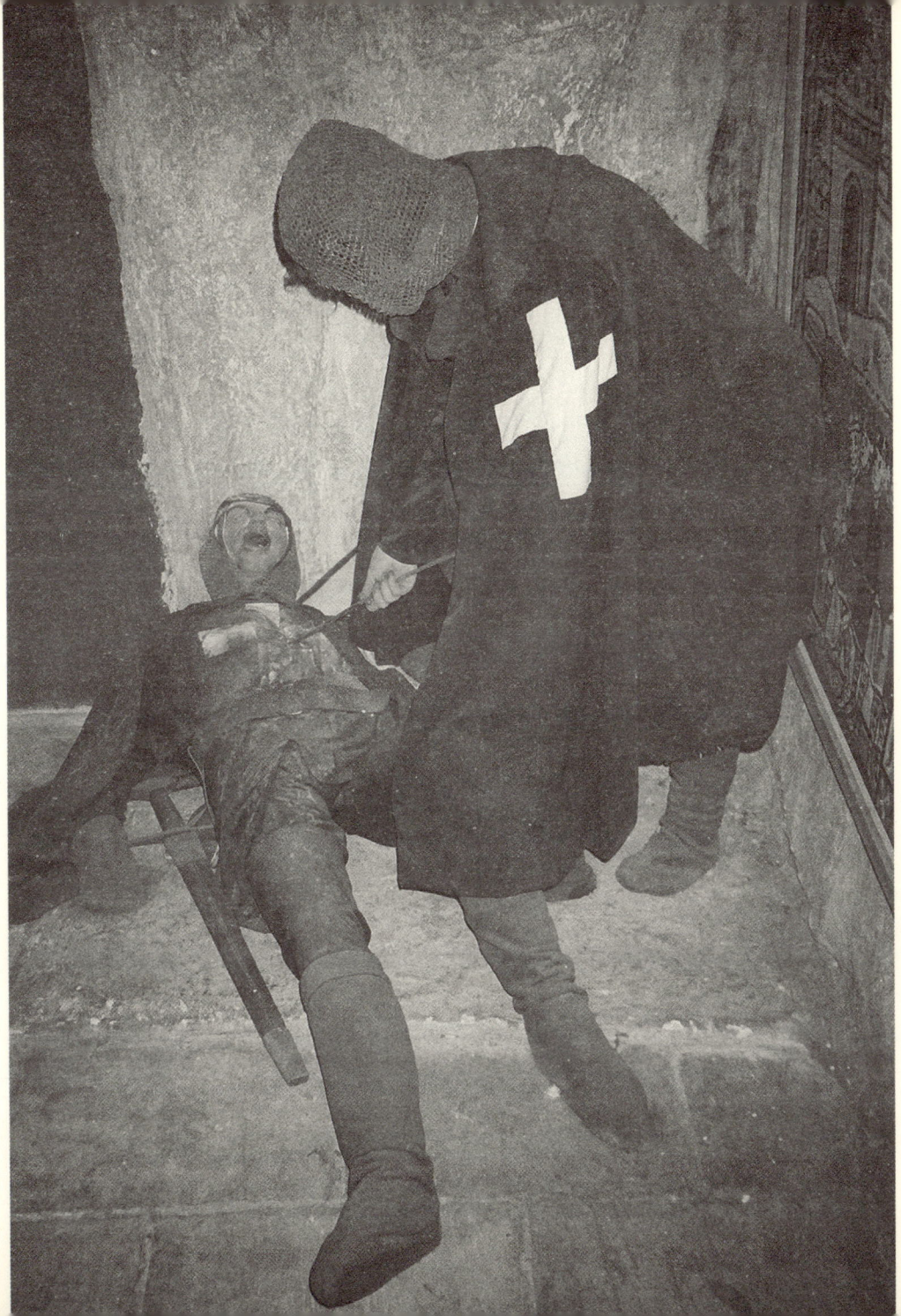

nung durch den Papst. Die Johanniter wurden ein autonomer Orden, der exemt, d.h. bischöflicher Gewalt entzogen und nur unmittelbar dem Papst verantwortlich war. 1153 erhielt er seine Ordensregel, beruhend auf Elementen der Regeln des Benediktiner- und Augustiner-Ordens. Gérard wird folgendes, den Anspruch seines Ordens erläuternde Zitat zugeschrieben: „Unsere Bruderschaft wird unvergänglich sein, weil der Boden, auf dem diese Pflanze wurzelt, das Elend der Welt ist, und weil, so Gott will, es immer Menschen geben wird, die daran arbeiten wollen, dieses Leid geringer, dieses Elend erträglicher zu machen." Die Ordensmitglieder trugen einen schwarzen Rock mit weißem Kreuz. Gelübde verpflichteten sie zu Keuschheit, Armut, Gehorsam und zum Dienst an Armen und Kranken.

Im 12. Jh. kam es zur Ausprägung militärischer Komponenten. Gérards Nachfolger Raymond du Puy, im Amt 1120–60, investierte Geld zur Bezahlung von Söldnern, die Pilger auf den Wegen zu den heiligen Stätten der Christenheit in Jerusalem vor muslimischen Überfällen schützen sollten. Bald schon gab es finanzielle Aufwendungen des Ordens für den Bau von Befestigungen, und schließlich wurden dem Orden sogar Burgen überlassen. Die Johanniter wurden also als Pflege- und Spitalbruderschaft gegründet und entwickelten sich in der 2. Hälfte des 12. Jh. zu einem Ritterorden.

Der Orden verlor in der 2. Hälfte des 13. Jh. zunehmend Burgen und Städte. 1285 verlegte er sein Hauptquartier in die Stadt Akkon (*Saint Jean d'Acre*), den letzten bedeutenden Stützpunkt der Kreuzfahrer in Palästina. 1291 gelang es Truppen der ägyptischen Mamluken,

die Stadt zu erobern. Nach deren Fall flohen Überlebende, darunter Johanniter und Templer, nach Zypern. Auf der Insel Zypern begann der Aufbau der Johanniter-Ordensflotte, die zur wichtigsten Stütze des späteren Johanniter-Ordensstaates auf Rhódos (1307–1522) und in Malta (1530–1798) wurde.

1306 begann der Orden, verbündet mit dem Genueser Vignolo de Vignoli, die Eroberung der zu Byzanz gehörigen Insel Rhódos; 1308/09 fiel Rhódos-Stadt. Schon 1307 erfolgte die Anerkennung eines Ordensstaates durch eine Bulle des Papstes. Die Johanniter konnten ihre Herrschaft über Rhódos und einige Dodekanes-Inseln schnell festigen; dazu trug die Ordensflotte bei. Im Kampf gegen „Ungläubige" unternahm der Orden im 14. Jh. Angriffe auf muslimische Besitzungen in Kleinasien und Nordafrika: 1344 eroberten Truppen einer christlichen Liga – ihr gehörten neben den Johannitern der Papst, der König von Zypern und die Republik Venedig an – die Stadt Smyrna an der kleinasiatischen Küste, das heutige Izmir in der Türkei. Die Ordensflotte unternahm, teils mit Flotten Zyperns, Angriffe auf Syrien und Ägypten: 1365 wurde von ihr zusammen mit Truppen Venedigs die Stadt Alexandria in Ägypten erobert und eine ägyptische Flotte zerstört. Zu Beginn des 15. Jh. wurde vom Johanniter-Orden der Brückenkopf St. Peter (heute Bodrum/Türkei) geschaffen.

Im 15. Jh. wuchs die Gefahr türkischer und ägyptischer Angriffe auf Besitzungen des Ordens in der Ägäis. Spätestens jetzt waren die Johanniter nicht mehr in der Offensive, sie versuchten, ihren Staat gegen Mamluken und das erstarkende Osmanische Reich zu verteidigen. 1402 fiel Smyrna. 1444 griffen mamlukische Truppen die Inseln Rhódos, Kós und Kastellórizo an, die Stadt Rhódos wurde 40 Tage belagert. Auch die erste große türkische Belagerung der Insel Rhódos 1480 konnte abgewehrt werden, doch führte die zweite große Belagerung eines türkischen Heeres 1522 zur

Eroberung des Johanniter-Ordenstaates durch den osmanischen Sultan.

1523 begann eine über siebenjährige Phase der Heimatlosigkeit für den Orden, die damit endete, dass die Johanniter 1530 Malta und Tripolis in Libyen als Lehen von Kaiser Karl V. erhielten. Eine Grundlage der Lehnsvergabe war die Zusage, durch die alljährliche Übersendung eines Jagdfalken die Schutzherrschaft der spanischen Krone anzuerkennen und bei eventueller Rückeroberung der Insel Rhódos Malta und Tripolis an Spanien zurückzugeben. Tripolis verlor der Orden 1551, doch widerstand er 1565 auf Malta der türkischen Belagerung; nach dem Sieg konnte der Orden – nun auch Malteser genannt – dort seine Herrschaft festigen. 1566–71 entstand die neue Residenz- und Festungsstadt Valletta, benannt nach Großmeister La Valette. Vom 16. bis 18. Jh. baute der Orden mehrere Festungen und befestigte Städte auf den maltesischen Inseln, die zu den bedeutendsten der Frühen Neuzeit gehören. Mit der Kapitulation vor Napoleon 1798 war die militärische Geschichte des Ordens zu Ende.

Der Malteser-Orden unterhält heute diplomatische Beziehungen weltweit, darunter eine Botschaft in Valletta. Er konnte – wenn auch mit starken Einschränkungen – seinen Status als Staat behalten; seit 1834 residieren die Großmeister in Rom (Palazzo dei Cavalieri).

Neben dem katholischen Malteser-Orden (*Souveräner Malteser-Ritterorden des Hl. Johannes zu Jerusalem, genannt von Rhodos, genannt von Malta*) gibt es heute den evangelischen Johanniter-Orden (*Balley Brandenburg des Ritterlichen Ordens St. Johannis vom Spital zu Jerusalem*). Beide nehmen neben ihren geistlich-religiösen Bestimmungen karitative Aufgaben wahr. Letzteres gilt für die aus dem Orden hervorgegangenen Hilfsdienste: Johanniter-Unfallhilfe und Malteser Hilfsdienst.

Patron des Johanniter-/Malteser-Ordens ist der hl. Johannes der Täufer (St. Johann Baptist), dem zahlreiche Ordenskirchen geweiht waren.

Die Wahl des Johannes zum Patron des Hospitals in Jerusalem durch die Hospitalgemeinschaft erfolgte zu bisher unbekannter Zeit. Jedenfalls wird sie als Bezug auf eines der beiden Patrozinien der Kathedrale St. Maria und Johannes d.T. in der Stadt Amalfi gewertet, woher die Gründer der Gemeinschaft kamen (Wienand 1970, 19; Hiestand 1980, 42–47). Ob das Hospital zuvor einem anderen hl. Johannes – Johannes „dem Almosengeber", Patriarch von Alexandria – geweiht war, wie es Erzbischof Wilhelm von Tyrus, ein Chronist, überliefert, bleibt ungewiss und ist eher unwahrscheinlich.

Struktur

Seit 1307 vom Papst durch eine Bulle staatsrechtlich anerkannt, erfolgte am 15.8.1309 die förmliche Anerkennung des Ordensstaates auf Rhódos durch die *Jerusalemitanische Bulle* Papst Clemens' V. Rhódos wurde für die nächsten 213 Jahre zum Zentrum des Johanniter-Ordens, der hier eine für seine Aufgabe, das Vordringen der muslimischen Staaten und Herrscher im Mittelmeergebiet zu unterbinden – oder zumindest aufzuhalten –, die ideale Militär- und Flottenbasis gefunden hatte. Solcherart stellte der Orden spätestens seit dem 13./14. Jh. so etwas wie eine erste „europäische Gemeinschaft" dar, kamen die seit 1206 in *nationes* bzw. *Zungen* genannten Einheiten zusammengefassten Ordensmitglieder doch aus vielen Regionen Europas, jedoch sind die *Zungen* nicht mit heutigen Nationalstaaten gleichzusetzen. Zudem bildete nicht die europäische Herkunft, sondern das Christentum die Basis. Die Ritterschaft im Orden war ab 1331 in sieben, ab 1462 in acht *Zungen* (*nationes*) gegliedert, die aus Geschichte und Tradition erwachsene Einheiten waren: Frankreich, Provence, Auvergne, Italien, Kastilien-Portugal, Aragon, England, Deutschland. Die Zungen waren in Großpriorate untergliedert; zur deutschen *Zunge* gehörten die Großpriorate Deutsch-

↑ Rhódos-Stadt (Insel Rhódos, Dodekanes, Griechenland), sog. Großmeisterpalast, ehemals Residenzburg der Großmeister des Johanniter-Ritterordens; Blick über die Stadtmauer

land, Böhmen-Österreich, Dacien (Skandinavien), Ungarn und zeitweise Polen.

Die Großpriorate teilten sich in Balleien. Bedeutend für die Besitzverwaltung des Ordens – wie auch des Deutschen Ordens – waren die lokalen Verwaltungs- und Wirtschaftseinheiten, die Kommenden. Eine Kommende bzw. Komturei leitete ein Komtur. Mehrere Komtureien bilden eine Ordensprovinz. Aus den Komtureien wurden Ordensbrüder zum Dienst im „Heiligen Land" und später im Ordensstaat gerufen. In Komtureien waren Ordensbrüder in den Bereichen Verwaltung und Landwirtschaft tätig oder betreuten als Patronatsherren Pfarreien oder Kirchen. Zur Zeit seiner größten Macht besaß der Orden fast 1.000 Kommenden. 1789 bestanden noch 570 mit 2.000 Rittern und 300 Ordenskaplänen.

An der Ordensspitze stand der auf Lebenszeit gewählte Großmeister (*magnus magister*). Die Bezeichnung setzte sich um 1500 durch, nachdem sie vorher vereinzelt Verwendung gefunden hatte; zuvor wurde das Ordensoberhaupt Meister genannt.

Das Generalkapitel bildete die Legislative. Je zwei Mitglieder aller *Zungen* waren Delegierte des Generalkapitels, dem u.a. Änderungen der Statuten und Ausformulierungen neuer Gesetze oblag. Der Großmeister und die höchsten Würdenträger konnten vom Generalkapitel zur Rechenschaft gezogen werden.

Drei Gruppen von männlichen Ordensmitgliedern lassen sich im Wesentlichen unterscheiden: Ritterbrüder, dienende Brüder und geistliche Brüder/Kapläne. Darüber hinaus gab es weibliche Ordensmitglieder.

Die Ballei Brandenburg der Johanniter war 1538 protestantisch geworden, blieb aber dem Orden auf verschiedenen Ebenen verbunden.

Ökonomische Grundlagen

Waren in der Zeit nach seiner Gründung Schenkungen eine wichtige ökonomische Basis des Ordens, änderte sich dies im Spätmittelalter. Nach der Vernichtung der Templer gelang es den Johannitern, Besitzungen der Templer zu übernehmen und die durch die Eroberung von Rhódos entstandene Verschuldung bis 1335 zu begleichen. Rhódos lag an einem im Fernhandel bedeutenden Seeweg. Seehandel betrieb Rhódos mit Venedig, Genua, Florenz, Sizilien und der Provence. Tuch und Zucker waren Produkte der Insel oder des Ordensstaates und seiner Besitzungen auf Zypern. Der Orden war am Zucker-, Tuch- und Sklavenhandel sowie am Handel mit Luxusgütern (z.B. Seife) beteiligt. Durch Verkauf zypriotischen Zuckers hatte er bedeutende Ein-

nahmen. Zur Zeit der Expansion des Osmanischen Reiches Mitte des 15. Jh. konnte Rhódos seine bedeutende Rolle im Levante-Handel vorerst behaupten. Wie Florentiner unterhielten Genuesen Niederlassungen in Rhódos: Im *borgo* waren zahlreiche ausländische Händler ansässig, „Lateiner", Griechen, Juden und Armenier. Zu den „Lateinern" gehörten Florentiner, Genuesen, Venezianer. Die florentinischen Bankhäuser Bardi und Peruzzi, zeitweise Bankiers des Johanniter-Ordens, hatten Vertretungen in Rhódos und teilweise auch Besitzungen auf dem Lande.

Ein wichtiger Wirtschaftsfaktor für Rhódos waren Pilger auf dem Weg ins „Heilige Land". Weitere Einnahmen hatte der Orden aus der Verpachtung städtischer Monopole und der von Einkünften an Privatpersonen (z.B. Seifenmonopol) sowie aus der Münzprägung, die zu den landesherrlichen Rechten des Ordens gehörte. Auch Freibeuterei, Kaperfahrten gegen moslemische Schiffe, war eine Einnahmequelle. Auch wurden Korsaren – v.a. nach der Übersiedlung nach Malta – damit gelockt, die Ordensflagge führen zu dürfen. Sie hatten dem Großmeister dafür Anteile der Beute abzutreten.

2.4.1.2 Templerorden

> *Non nobis Domine, non nobis, sed nomini tuo da gloriam!*
> („Nicht uns, o Herr, nicht uns, sondern Deinem Namen gib Ehre!")
>
> Ordensmotto

Geschichte

Der Orden der Templer war der erste, der die Ideale der adeligen christlichen Ritterschaft mit denen des abendländischen Mönchstums kombinierte. Er muss daher als der erste geistliche Ritterorden gelten. Ordensgründer waren französische Ritter, deren

Anliegen es war, die Pilgerstraßen im „Heiligen Land" zu sichern. Wie die Johanniter gelobten die Ritter Gehorsam, Armut und Keuschheit.

Mit den Templern sind zahlreiche absurde, oft esoterisch verbrämte Überlieferungen verknüpft: Der Orden gilt als Inventor der Kathedralgotik, als Bewahrer des „Heiligen Grals", den er angeblich sogar alchemistisch zur Umwandlung von Silber in Gold nutzte (!), und sogar als Begründer der Freimaurerei. Sogar die negative Wertigkeit, die man jeweils einem Freitag als dem 13. Tag eines Monats („Freitag, der 13.") beimisst, wurde mit den Templern in Verbindung gebracht. Dafür wurden zwei nicht belegbare Theorien aufgestellt: Nach einer sollen Ritter des Ordens an einem Freitag, dem 13., einem Heer Sultan Saladins unterlegen sein, nach einer anderen wird es auf den Tag der Festnahme fast aller Templer in Frankreich am 13.10.1307 bezogen.

Während der letzten Jahre entstanden mehrere „historische Romane", die Templer-Mythen, Esoterik und Verschwörungstheorien jeweils zu einer bunten, teils unsäglichen Melange mischten; Ähnliches gilt für Filme und Computerspiele. In der Musik – in den Genres Gothic/Electro und Metal – befassten sich Künstler hingegen teils sehr intensiv und fantasievoll mit den Templern, etwa die deutsche Electro-Band Heimatærde und die Metal-Band Jaldaboath (GB), die ihre Musik gar „Heraldic Templar Metal" nennt (s. Losse 2015).

Die geistlichen Ritterorden der Templer – eigentlich *Paupere Militie Christi* (Arme Ritter Christi) bzw. *Pauperes commilitones Christi templique Salomonici Hierosalemitanis* (Arme Mitstreiter Christi und des Salomonischen Tempels zu Jerusalem), im allgemeinen Sprachgebrauch auch Tempelritter und Tempelherren genannt – wurde um 1118/21 gegründet. Sein Name ist darauf zurückzuführen, dass die erste Niederlassung der Templer bis 1187 auf

↑ Siegel des Templer-Ordens, das zwei Ritter auf einem Pferd zeigt

dem Tempelberg in Jerusalem – einst Standort des Salomonischen Tempels – lag, anstelle der heutigen Al-Aqsa-Moschee, wo König Balduin II. von Jerusalem (reg. 1118–31) seinen Sitz hatte. Er überließ den Templern einen Trakt seines Sitzes. Die Gemeinschaft, aus welcher der Orden hervorging, hatte sich 1119 um Hugo v. Payns (✝ 1137/38) gebildet; sie pflegte ein gemeinsames Leben ähnlich regulären Klerikern und organisierte den bewaffneten Schutz von Jerusalem-Pilgern.

Die zuerst 1129 festgeschriebene Ordensregel der Templer gründete auf der sog. Regel des hl. Benedikt v. Nursia (6. Jh.). Bis 1260 wurde die urspr. 72 Artikel umfassende Ordensregel auf 686 Artikel erweitert. Auch die von dem Kreuzzugsprediger und Zisterzienser-Abt Bernhard von Clairvaux 1139 verfasste Schrift „Lob der neuen Ritterschaft", in welcher er das neue Prinzip eines Ritter- und Mönchstum vereinenden Lebens theoretisch untermauert, wurde zu einer Wurzel des Templer-Regelwerkes. Auf ihn sollen zisterziensische Elemente der Templer-Regel zurückgehen, die sich neben solchen des Augustiner-Ordens erkennen lassen.

Seit 1127 kam es vermehrt zu Schenkungen von Ländereien an den Orden, primär in Frankreich, zudem in England, Italien, Spanien, Portugal.

Mit einer Bulle bestätigte Papst Innozenz II. 1139 nochmals den Orden und unterstellte sich diesen direkt; er wurde so, wie die Johanniter, exemt, d.h. bischöflicher Einflussnahme entzogen. Der Templerorden war damit von Steuern befreit und in der Lage, selbst Steuern zu erheben. Zum wachsenden Wohlstand des Ordens trug bei, dass er Zinsen aus Geldverleih einnahm. Ende des 12. Jh. war dieser Erwerbszweig im Orden ausgeprägt; zudem war die Verwendung von Kreditbriefen, d.h. bargeldloser Zahlungsverkehr, üblich.

Mit wachsender Macht gerieten Templer und Johanniter in Konkurrenz zueinander. Templer waren an der Vertreibung der islamischen Besatzer der Iberischen Halbinsel im Rahmen der christlichen Rückeroberung (*Reconquista*) ab der 2. Hälfte des 12. Jh. beteiligt. Und nach dem Fall der Stadt Akkon (Israel), des letzten wichtigen Stützpunktes der Christen im „Heiligen Land", 1291 gelang es Templern, die vor Tortosa (Tartus/Syrien) gelegene Insel Ruad bis 1302 zu halten.

Die militärische und wirtschaftliche Stärke sowie das Selbstbewusstsein der großen geistlichen Orden führten zu Misstrauen und Feindschaft ihnen gegenüber. Da dem vielfach – und auch bei den Templern – verschuldeten französischen König Philipp IV. *dem Schönen* (reg. 1268–1314) der Beitritt zum Orden verwehrt worden war und er dringend Geld benötigte, trachtete er danach, den Orden zu vernichten und dessen Güter einzuziehen, wie es einige seiner Gutachter geraten hatten. Es sollte jedoch der Anschein erweckt werden, Geld und Güter würden zur Unterstützung christlicher Anliegen im „Heiligen Land" beschlagnahmt. Unter absurden Vorwürfen wie etwa Ketzerei, Götzendienst, Sodomie und Homosexualität wurden die

Templer 1307 angeklagt. Den damals in Avignon residierenden, von ihm abhängigen Papst Clemens V. nötigte der König zur Unterstützung, indem er die Abspaltung der französischen Kirche androhte.

Fast alle Templer in Frankreich wurden am 13.10.1307 verhaftet. Am 24./25.10. gestand das Oberhaupt des Ordens, Großmeister Jacques de Molay, doch am 24.12. widerrief er sein Geständnis. 54 Templer wurden am 12.5.1310 bei Paris auf Scheiterhaufen verbrannt, 1314 starb auch Jacques de Molay auf dem Scheiterhaufen.

Schon 1312 erfolgte die Aufhebung des Ordens durch Papst Clemens V., der im selben Jahr Templergüter den Johannitern zuwies. In Portugal erhielt der 1319 vom König Dionysius gegründete Christusorden dortige Güter der Templer übereignet. Ehemalige Templer traten den vom Papst bestätigten neuen Orden bei (s. Kap. 2.4.1.4).

Struktur

Mitglied des Templerordens konnte theoretisch jeder freie Mann werden. Dem Orden stand der gewählte (Groß-)Meister vor. Zur Ordensspitze gehörten zudem der Großkomtur (zuständig für Ordensschatz und Verteidigung, auch Kontrolle des Meisters), der Großmarschall (Waffen und Kriegswesen), der Großspitt(l)er (Hospitalwesen), der Firmariearzt (Krankenpflege), der Großtapier (Kleidung/Ausrüstung), der Drapier (Verwaltung) und der Tressler (Finanzwesen).

Wichtig innerhalb der Ordensstruktur waren zudem:
- Kapläne: Ordensgeistliche
- Ritterbrüder: Sie entstammten durchweg adeligen Geschlechtern und mussten den Ritterschlag vor Eintritt in den Orden bereits erhalten haben. Kleidung: weißer Mantel über schwarzem oder braunem Habit; seit 1147 wurde der weiße Mantel mit einem roten Kreuz über der linken Schulter

besetzt, anfangs einem gleichschenkligen, später einem Tatzenkreuz. Zum Gelübde der Ritterbrüder gehörten die Verpflichtung auf Keuschheit, Gehorsam, Verzicht auf persönlichen Besitz und Schutz der Jerusalem-Pilger auf der Reise. Ritterbrüder hatten ihre kostspielige Ausrüstung selbst zu tragen; hierzu gehörten u.a. drei Pferde (Schlachtross, Reit- und Packpferd).

- Sergeanten (*servientes*): dienende Brüder, unterschieden in gewappnete, kämpfende Brüder, oft eingesetzt als leichte Reiterei, und arbeitende Brüder, tätig in Landwirtschaft und Handwerk. Kleidung: schwarzer oder dunkelbrauner Mantel
- Knappen zur Assistenz der Ritterbrüder im Kampf. Kleidung: schwarzer oder dunkelbrauner Mantel

Zu den Kämpfern der Ordens gehörten auch Ritter, die für eine bestimmte Zeit dem Orden kämpfend dienten, sog. *milites ad terminum* („Ritter auf Zeit"), und darüber hinaus Turkopolen, christliche Söldner aus dem „Heiligen Land", die als leichte Reiterei oder Fußtruppen meist mit Pfeil und Bogen kämpften.

In der Zeit der größten Besitzausdehnung waren bis zu 15.000 Ordensangehörige auf den knapp 9.000 Besitzungen in Europa tätig. Auf den Komtureien und Gütern des Ordens wurde die wirtschaftliche Basis zur Finanzierung des Einsatzes im „Heiligen Land" erarbeitet.

Das Ordenssiegel

Das Siegel des Ordens, das die Inschrift *SIGILLUM MILITUM CHRISTI* („Siegel der Soldaten Christi") trug, gab Anlass zu allerlei Spekulationen. Insbesondere das Rücksiegel der Meistersbulle, welches zwei gewappnete Ritter gemeinsam auf einem Pferd zeigt. Der Symbolwert des Bildes ist nicht eindeutig, daher gibt es mehrere Deutungen. Eine besagt, es sei ein Symbol der Brüderlichkeit, eine andere, es verweise auf die Armut der einzelnen Ordens-

ritter, und eine dritte, die zwei dargestellten Figuren symbolisierten den Ritter und den Mönch, die jeweils in der Person eines Tempelritters vereint waren. Als dann der Orden unter dem französischen König verfolgt wurde, wurde das Siegelbild als Beleg für die angeblich im Orden praktizierte Homosexualität missinterpretiert.

2.4.1.3 Deutscher Orden (Deutschherren)

Der Deutsche Orden (Deutschherren, Deutschritter) war der dritte geistliche Ritterorden. Sein offizieller Name lautete *Ordo fratrum domus Sanctae Mariae Teutonicorum Ierosolimitanorum* („Orden der Brüder vom Deutschen Haus St. Mariens in Jerusalem"). Wurzel des Ordens war ein Feldhospital, das Deutsche aus Bremen und Lübeck auf dem 3. Kreuzzug um 1190 anlässlich der Belagerung der Stadt Akkon angelegt hatten. Um 1198 erlangte die Spitalbruderschaft die Erhebung zum geistlichen Ritterorden, dessen Mitglieder – wie Johanniter und Templer – Gehorsam, Armut und Keuschheit geloben mussten. Wie jenen oblagen ihnen karitative und militärische Aufgaben, und wie jene erlangten sie durch Schenkungen umfänglichen Landbesitz in verschiedenen Regionen Europas. 1221 gestand der Papst dem Orden die Exemtion zu. Mit den Templern kamen die Deutschherren zunehmend in Konflikte, die teils sogar militärisch ausgetragen wurden.

Wohl nach dem Vorbild der Templer trugen die Deutschherren einen weißen Mantel, auf dem jedoch ein schwarzes anstelle eines roten Kreuzes prangte.

Kaiser Friedrich II. – er war gleichzeitig König von Jerusalem –, der den Hochmeister des Ordens, Hermann v. Salza (1209-39), zu einem seiner Berater berief, gewährte den Deutschherren bemerkenswerte Privilegien. So befreite er den Orden von Lehnsverpflichtungen für das Königreich Jerusalem. Die etablierte Vormachtstellung der beiden älteren Orden (Johanniter, Templer) im „Heiligen Land" führte jedoch zur weitgehenden Beschränkung des Herrschaftsgebietes des Deutschen Ordens auf die Umgebung von Akkon und Montfort und das Hinterland von Tyrus. Die Ordensspitze suchte daher weitere Betätigungsfelder und Einflussgebiete. Die Etablierung eines Ordensstaates im Burzenland/Siebenbürgen, die Hochmeister Hermann v. Salza offenbar anstrebte, nachdem der Orden 1211 vom König von Ungarn um militärischen Beistand gegen die Kumanen gebeten worden war, scheiterte in den 1220er-Jahren.

Im 13. Jh. war der Orden dann maßgeblich an der deutschen Ostkolonisation beteiligt. Im Gebiet des heutigen Polen und im Baltikum schufen sich die Deutschritter ihren Ordensstaat. 1226 waren sie vom polnischen Herzog Konrad I. v. Masowien zur Unterstützung im Kampf gegen die heidnischen Pruzzen (Preußen) im Kulmerland am Unterlauf der Weichsel gerufen worden. Kaiser und Papst bestätigten dem Orden, dass dieser das eroberte Land behalten solle; 1230 sicherte Herzog Konrad I. dem Orden das Kulmerland „auf ewige Zeit" zu – was von einigen Historikern infrage gestellt wird. Jedenfalls gelang dem Orden die Etablierung eines geschlossenen Herrschaftsgebietes, das nach dem Zusammenschluss mit dem Schwertbrüderorden (s.u.) für einige Zeit von Pommerns Grenze bis zum Finnischen Meerbusen reichte. 1231 baute der Deutsche Orden seine erste Burg im Kulmerland: Thorn. Es folgte bis 1285 die Eroberung der Gebiete nördlich der Weichsel, verbunden mit Christianisierung der ansässigen Bevölkerung und geplanter Siedlungspolitik. 1309 wurde die Marienburg/Nogat Sitz der Hochmeister, nachdem der Orden 1291 mit dem Verlust von Akkon seine letzten Besitzungen im „Heiligen Land" verloren und vorübergehend seinen Sitz nach Venedig verlegt hatte.

Der für spätmittelalterliche Verhältnisse „modern" und in Art eines „Beamtenstaates" straff geführte Ordensstaat mit zentraler Finanzverwaltung entwickelte sich zur stärksten militärischen Macht im Ostseeraum. Es wurden Siedler aus verschiedenen Teilen des Reiches herangezogen, die im Laufe der Zeit mit der preußischen Bevölkerung eine Gesamtheit bildeten. Burgen und neu gegründete Städte erbrachten eine herrschaftliche Durchdringung nebst wirtschaftlichem Wachstum. Staatsoberhaupt war der jeweilige Hochmeister. Zur Ordensspitze gehörten zudem der Großkomtur und der *Tressler* (Schatzmeister),

↑ Der Tannhäuser im weißen Mantel der Deutschordensritter, aus einer Buchmalerei in der Manessischen Liederhandschrift (Große Heidelberger Liederhandschrift, zw. 1305/15)

die – ebenso wie der Hochmeister – ihren Amtssitz in der Marienburg hatten, sowie der *Spitler* (Leiter des Hospitalwesens, Sitz in Elbing), der *Tapier* (Beauftragter für Bekleidung und Ausrüstung, Sitz in Christburg) und der Marschall (militärischer Leiter, Sitz in Königsberg). Der Orden hatte Generalprokuratoren bei der Kurie und verfügte über ein elaboriertes Botensystem, über das die Ordensspitze mit wichtigen politischen und militärischen Informationen versorgt wurde.

Anfangs entstammten die Ordensmitglieder meist dem Niederadel. Wie dem Johanniter-Orden traten ihm vielfach nachgeborene, nicht an der Spitze der familiären Erbfolge stehende Söhne adeliger Familien bei, die so erhöhtes gesellschaftliches Prestige erlangten. Den Ritterbrüdern waren zu jener Zeit die Priesterbrüder gleichberechtigt, doch verloren letztere im 14./15. Jh. zugunsten der Ritter ihre Wertigkeit. Zu den Ordensmitgliedern gehörten darüber hinaus nichtadligen *Sariantbrüder* als Leichtbewaffnete und niedere Amtsträger sowie Halbbrüder und Halbschwestern im Krankendienst und der Ökonomie.

Im Deutschen Orden gingen der Schwertbrüderorden und der **Orden von Dobrin** auf. Die „Brüder von Dobrin" (lat. *fratribus militiae Christi in Prussia*) waren ein Ritterorden, der 1228 auf Veranlassung des polnischen Herzogs Konrad v. Masowien zum Schutz der masowischen Kernlande von Bischof Christian von Oliva 1228 gegründet worden war. 1234 wurden die meist deutschstämmigen Ordensritter des maximal 35 Brüder umfassenden Konvents dem Deutschen Orden eingegliedert.

1237, nach der Schlacht von Schaulen (1236), wurde der 1202 in Riga durch Theoderich v. Treiden auf Veranlassung des Bischofs Albert I. von Riga zur Missionierung von Livland gegründete **Schwertbrüderorden** mit dem Deutschen Orden vereinigt (Union von Viterbo). Dessen Besitzungen, das

Meistertum Livland, wurde nach dem Vorbild des Kulmerlandes strukturiert. An der Grenze kam es in der Folge zu Kämpfen mit russischen Streitkräften, und 1303/1410 stand der Orden in den Litauerkriegen gegen seine als Heiden benannten Nachbarn. Im 14. Jh. wuchsen zudem die Spannungen zwischen dem expandierenden Orden und dem polnischen Hochadel. Durch die Heirat des Großfürsten Jogaila v. Litauen – Litauen war inzwischen christlich – und der Königin Hedwig v. Polen 1386 kam es zur Bündelung der Kräfte der Hauptgegner der Deutschritter. Um 1400 begann der Niedergang des Ordensstaates. Dazu trug die schwere Niederlage des Ordensheeres in der Schlacht bei Tannenberg (15.7.1410) gegen die vereinigten Heere der Polen und Litauer mit anschließenden Gebietsverlusten ebenso bei wie der Konflikt mit den preußischen Ständen Mitte des 15. Jh. Diese hatten sich schon zuvor mehrfach mit Polen gegen den Orden verbündet.

Nachdem Hochmeister Albrecht v. Brandenburg 1525 zur evangelischen Konfession konvertiert war und die Umstrukturierung des nach dem 1. und 2. Thorner Frieden 1411 und 1466 verbliebenen Ordensstaatsgebietes in ein weltliches Erb-Herzogtum erfolgt war, war das Ende des Deutschordensstaates in Preußen und im Baltikum eingeleitet. Der Orden war gezwungen, sich auf seine Besitzungen im Gebiet des *Heiligen Römischen Reiches Deutscher Nation* zu konzentrieren. Schon 1280 bestanden 13 Ordensprovinzen (Balleien), denen Kommenden untergeordnet waren. Im Spätmittelalter stand der Deutschmeister den Besitzungen im Reichsgebiet vor; mehrere dieser Amtsträger strebten seit dem 15. Jh. danach, einen Teilstaat innerhalb des Ordensstaates unter ihrer Leitung zu schaffen, weitgehend unabhängig vom Herrschaftsgebiet der Hochmeister im Osten, und schon 1494 erhob Kaiser Maximilian den Deutschmeister in den Reichsfürstenstand.

Zu den Faktoren, die das Bestehen des Ordensstaates im 15./frühen 16. Jh. zusätzlich gefährdeten oder zumindest einschränkten, gehörten die Bedrohung der Ballei Böhmen durch die Hussiten, Verluste von Besitzungen in Südeuropa (u.a. Apulien, Sizilien), die Bauernkriege im Südwesten des Reiches – hier lagen besonders wichtige Besitzungen – und die Reformation. Infolge der Reformation gab es katholische, lutherische und reformierte Ordens-Balleien. In manchen reformierten Regionen (z.B. Thüringen, Sachsen, Hessen) gab es bald auch lutherische und reformierte Ordensbrüder, die jedoch – „dem korporativen Denken des Adels folgend" – dem Hochmeister gegenüber loyal blieben, zölibatär lebten, aber die Gelübdeformel durch einen Eid ersetzten (http://www.deutscher-orden.de/all_geschichte_start.php).

Deutschmeister Walther v. Cronberg (1525–43) wurde 1527 vom Kaiser berechtigt, den Titel „Administrator des Hochmeistertums" zu führen um so den Besitzanspruch des Ordens auf Preußen zu dokumentieren. 1529 wurde die *Cronberg'sche Konstitution* erlassen, auf der die spätere Verfassung der Adelskorporation basierte. Residenz des in der Frühen Neuzeit „Hoch- und Deutschmeister" genannten Ordensoberhauptes „und zugleich Sitz der Zentralbehörden der dem Hochmeister unmittelbar unterstellten Gebiete" wurde Mergentheim; außerhalb „dieses sich neu formierenden Ordensstaates, der seine Landeshoheit konsequent ausbaute, entwickelten sich die von den Landkomturen geführten Balleien zu weitgehend selbständigen Gebilden; einige von ihnen hatten den Rang von Reichsständen und rangierten in der Matrikel in der Gruppe der Prälaten" (ebd.).

Im eigentlichen Ordensstaatsgebiet verlor der Orden seinen politischen Einfluss nach 1561, doch verfügte er innerhalb des *Heiligen Römischen Reiches Deutscher Nation* über beträchtlichen Grundbesitz, insbesondere in

Süddeutschland und Österreich, zudem in der Schweiz. Zuerst 1590 und in der Folge häufiger wurde der Hoch- und Deutschmeister aus führenden Adelsfamilien katholischer Territorialstaaten gewählt, insbesondere aus dem Haus Österreich, womit der Orden zunehmend in die Nähe habsburgischer Politik rückte. Vor diesem Hintergrund galt es ab dem 16. Jh., sich neu zu orientieren und die Forderungen der Ordensregel in Übereinstimmung mit den Veränderungen der Zeit zu bringen, wobei insbesondere die geistlichen Aufgaben wieder mehr in Blickfeld rücken sollten. „Das eher auf Exklusivität drängende Standesdenken des Adels hatte die Bedeutung der meist nichtadligen Priesterbrüder zurückgedrängt. Im Generalkapitel hatten sie in der Neuzeit weder Sitz noch Stimme. Die Seelsorge in den Kommenden lag oft in den Händen von Angehörigen anderer Orden. Seit Laien mit juristischer Ausbildung in den Kanzleien des Ordens arbeiteten, war auch dieser Dienst für Priesterbrüder versperrt. Aus all diesen Gründen war die Zahl der Priesterbrüder stark gesunken" (ebd.).

Nachdem der französische Kaiser Napoleon die Säkularisation in den Rheinbundstaaten durchgesetzt hatte, verblieben dem Orden Anfang des 19. Jh. nur noch Besitzungen in Österreich, und mit dem Untergang der Habsburger Monarchie nach dem 1. Weltkrieg (1914–18) folgte außer Besitzverlusten der Wegfall der ritterlichen Ordensstruktur. Seit den 1860er-Jahren waren Ordensritter im Kriegssanitätswesen aktiv, „im Gedenken an den Ursprung des Ordens in einem Feldlazarett bei Akkon 1190" und unter Eindruck des „allgemeine[n] Entsetzen[s] über das Elend der Kriegsverletzten in der Schlacht von Solferino" 1859 (ebd.), und auch im 1. Weltkrieg unterhielt der Orden Feldspitäler.

Nach dem Vorbild der geistlichen Ritterorden wollte Heinrich Himmler vor dem Hintergrund der NS-"Rassenlehre" einen neuen

„Deutschen Orden" im Sinne des Nationalsozialismus schaffen. Zu diesem Zweck wurden sogar neue „Ordensburgen" erbaut (Crössinsee, Sonthofen, Vogelsang) bzw. reale Burgen im Sinne des Systems umgestaltet (z.B. Marienburg/Nogat, Wewelsburg). Daher wurde der historische Deutsche Orden 1938 aufgelöst.

Den geistlichen Deutschen Orden gibt es inzwischen wieder unter dem offiziellen Titel „Brüder vom Deutschen Haus St. Mariens in Jerusalem". „Seine Hauptträger sind [...] Priester mit feierlicher Profess; zu ihrer Gemeinschaft zählen auch Laienbrüder mit einfachen ewigen Gelübden. Diesem männlichen Zweig ist die Kongregation der Deutschordensschwestern mit einfachen ewigen Gelübden derart zugeordnet, dass Hochmeister und Generalkapitel zugleich ihre Oberen sind. Das Institut der Familiaren, das im Allgemeinen aus Laien besteht, ist dem Orden geistlich angegliedert; seine Mitglieder legen jedoch keine Ordensgelübde ab" (ebd.). Es existieren heute

Ordenskommende Marburg (Lahn)

Besondere Beachtung verdient die Ordenskommende Marburg (Lahn), die im Kontext mit dem von Landgräfin Elisabeth v. Thüringen (1207–31) gegründeten Hospital entstand. Nach der Heiligsprechung Elisabeths 1235 gewann das Marburger Hospital ebenso wie der Orden selbst eine besondere Reputation. Es folgte der Neubau einer großen gotischen Kirche – einer der ersten in Deutschland. Elisabeth wurde neben der Madonna die zweite Ordenspatronin, da sie als Vorbild für selbstlose Nächstenliebe für den Orden in der Außenwirkung wichtig wurde. Zuvor war die „Gottesmutter" Maria die Patronin, ihr waren die meisten Ordenskirchen geweiht. Deutschordenskirchen und -kapellen in Franken hatten als Nebenpatrone vereinzelt Ritterheilige wie St. Georg oder St. Pankratius. Diese vier Heiligen stehen für die geistlichen und die weltlich-ritterlichen Elemente, die der Orden in sich vereinte.

fünf Provinzen: Österreich, Südtirol-Italien, Slowenien, Deutschland und Tschechien/Slowakei. Heute ist der wiederbegründete Deutsche Orden v.a. in der Alten-, Behinderten- und Suchthilfe karitativ tätig.

2.4.1.4 Weitere geistliche Ritterorden

Auf der Iberischen Halbinsel, in Portugal und Spanien, entstanden während der *Reconquista* – der von der 2. Hälfte des 12. Jh. bis 1492 währenden Rückeroberung der von Muslimen besetzten Gebiete – Ritterorden, denen sich Ritter aus verschiedenen Regionen Europas anschlossen, nachdem der Papst 1146 den Kampf gegen die Mauren auf der Iberischen Halbinsel zum Kreuzzug erklärt hatte. Bekannt ist der 1157/58 gegründete spanische bzw. kastilische **Calatrava-Ritterorden**, den der Zisterzienser-Abt Raimundo Serrat gründete, um so die Burg Calatrava vor einer drohenden Eroberung durch maurische Truppen zu bewahren.

Viele Legenden ranken sich um den portugiesischen **Ritterorden von Avis** bzw. Orden des hl. Benedikt von Avis (*Ordem Militar de São Bento de Aviz*), der offenbar aus einer 1162 in Coimbra gegründeten ritterlichen Bruderschaft hervorging, die ihr Land von den maurischen Besatzern befreien und gegen deren Angriffe sichern wollte. Nach 1166 wurde die Bruderschaft durch König Afonso I. Henriques von Portugal in einen geistlichen Ritterorden umstrukturiert. Der Orden wurde nach seinem Sitz urspr. „Orden von Évora" genannt. Die im Kern auf den Orden zurückgehende Stadtbefestigung von Évora blieb großenteils erhalten. Zu den Legenden um den Orden gehört die Überlieferung, er sei älter als der Calatrava-Orden, was ihn sicherlich aufwerten sollte.

Zumindest erwähnt seien hier die Ritterorden von Santiago (1170) und Alcántara (1176). In Portugal trat der 1319 vom Papst legitimierte **Christusorden** (*Ordem de Cavalaria de*

Nosso Senhor Jesus Cristo, s.u.) die Nachfolge der Templer an, in Aragón war es der **Orden von Montesa**, der 1316 von Jakob II. v. Aragón nach Auflösung des Templerordens gegründet und mit Besitzungen des Templerordens ausgestattet wurde. Seine Aufgabe war der Kampf gegen die maurischen Besatzer des Landes.

Neben den geistlichen gab es päpstliche Ritterorden, unter denen der im 14. Jh. gegründete, 1847 rekonstituierte Orden der **Ritter vom Heiligen Grab** noch eine gewisse gesellschaftliche Bedeutung hat. Außerdem gehören der **Christusorden** (1319 gestiftet) und der 1847 von Papst Pius IX. gestiftete **Piusorden** zu den päpstlichen Ritterorden. Den vom Papst bestätigten Christusorden (Ritterschaft Jesu Christi) begründete 1319 König Dionysius in Portugal. Sein Besitz basierte nicht zuletzt auf früheren Gütern der Templer in Portugal, seine Ordensregel folgte jener des Calatrava-Ritterordens. Offenbar wurden mehrere der vor den Verfolgungen unter König Philipp IV. von Frankreich geflohenen Templer Mitglieder im Christusorden.

Bis heute existieren katholische und evangelische Ritterorden.

2.4.2 Weltliche und höfische Ritterorden

Bezeichnenderweise wurden gerade in der Endphase des Mittelalters, als Teile der Ritterschaft schon im Niedergang befindlich waren (s. Kap. 2.2.3), neue Ritterorden gegründet. Im Gegensatz zu den geistlichen Ritterorden waren viele der seit der Mitte des 14. Jh. entstandenen Orden höfische Ritterorden, oft als Stützen der jeweiligen Monarchen und großen Landesherren ins Leben gerufen. Zu unterscheiden sind sie von Ritterbünden und -gesellschaften, wie sie sich im Spätmittelalter v.a. in Südwestdeutschland gründeten; diese schlossen sich zur Wahrung ihrer Interessen

gegen die immer mächtiger werdenden Landesfürsten zusammen. Viele höfische Ritterorden waren Integrationsorganisationen des Adels. Einige schlossen sich zur Abwehr äußerer Feinde zusammen, z.B. gegen Türken oder Häretiker.

Viele dieser Orden hatten nur eine kurze Lebensspanne und gingen schon nach kurzer Zeit wieder unter. Stifter waren größtenteils Hochadelige. Meist durften nur adlige Ritter solch einem Orden beitreten, wodurch sie sich von einigen der geistlichen Ritterorden unterschieden, die jeden Ritterbürtigen mit einer entsprechenden Ahnenreihe aufnahmen.

Ordensstatuten legten auch bei weltlichen und höfischen Ritterorden Aufnahmevoraussetzungen und Regeln verbindlich fest, doch waren diese Ordensritter weder dem Zölibat verpflichtet noch dazu, als Gemeinschaft zu leben.

Das positive Image der geistlichen Ritterorden in der (adeligen) Gesellschaft, deren immer noch große politische Bedeutung und Ethos, wollten manche der fürstlichen auf die von ihnen gestifteten Ritterorden transferieren. Die weltlichen Ritterorden waren durch den adligen Stifter jeweils stark an dessen Haus und Dynastie gebunden, wodurch die Bindung untereinander noch einmal verstärkt wurde. Verdienste für den Staat im militärischen Bereich oder als Engagement in Angelegenheiten des Hofes konnten Basis für die Aufnahme in den Orden sein, und die Mitgliedschaft bedeutete eine gesellschaftliche Aufwertung der jeweils zugehörigen Adeligen. Durch diese Exklusivität wurde die Hierarchisierung zwischen Hoch- und Niederadel weiter vorangetrieben, welche sich auch an Aufnahmegeldern oder Abzeichen zeigte.

Die Zugehörigkeit zum höfischen, auf wenige Mitglieder beschränkten, elitären Ritterorden war selbstverständlich mit weiterreichender Verpflichtung gegenüber dem Landesherrn bzw. Souverän verbunden, der – oft nach dem Vorbild der alten geistlichen Ritterorden „Großmeister" genannt – der Ordensgemeinschaft vorstand.

„Neben der Aufnahmezeremonie stellten Ordenstracht und Insignien die äußeren Zeichen für alle Mitglieder dar. Besondere Bedeutung erlangte das Ordenszeichen, oft in Form eines Kreuzes oder Sterns. Ein ständig zu tragendes Symbol war das äußere Zeichen der Zugehörigkeit zu der Gemeinschaft" (http://www.dhm.de/archiv/magazine/orden/ ueber_ritter.htm). Die beiden Bedeutungen des Wortes Orden als 1) ideelle Gemeinschaft und 2) Auszeichnung werden hier besonders deutlich.

Oft waren es europäische Monarchen, die höfische Ritterorden stifteten, etwa König Christian I. v. Dänemark, auf den der 1462 gestiftete Orden des Elefanten (Elefantenorden) zurückgeht. Ein Kuriosum war das aus zwölf Rittern bestehende, nur für kurze Zeit existierende Ritter-Kollegium von zwölf Adeligen, die mit ihren Gattinnen neben der Benediktiner-Abtei Ettal in Oberbayern lebten. Das Ritter-Kollegium, dem ein Meister vorstand, und das Kloster gingen auf eine Initiative und Stiftung Kaiser Ludwigs des Bayern (reg. 1314–47) zurück.

Nachfolgend werden einige wichtige weltliche bzw. höfische Ritterorden in der chronologischen Reihenfolge ihres Entstehens vorgestellt.

1326 – Der Sankt-Georg-Ritterorden (*Szent György Lovagrend*)

wurde 1326 vom ungarischen König Karl I. Robert in Visegrád gegründet und gilt als erster königlicher Ritterorden weltweit. Seine Aufgaben waren der Schutz des Königs und des Königreiches sowie zunehmend die Abwehr befürchteter türkischer Überfälle auf Ungarn im Kontext der Expansion des Osmanischen Reiches. Insofern wundert es nicht, dass St. Georg als bedeutender Ritterheiliger und als legendärer „Drachentöter" – der Drachen wurde im Spätmittelalter symbolisch mit dem Teufel, aber auch mit der türkischen Bedrohung gleichgesetzt – zum Ordenspatron gewählt wurde. (Insgesamt wählten 13 Ritterorden diesen Heiligen zu ihrem Patron.) Die Ordensgüter wurden vom ungarischen und römisch-deutschen König Ferdinand, dem späteren Kaiser Ferdinand I. (reg. 1558–64), nach dem Tod des letzten Großmeisters des Sankt-Georg-Ritterordens 1541 eingezogen.

(Um) 1348 – Der Hosenbandorden (*Order of the Garter*)

ist einer der ältesten weltlichen Ritterorden. Er wurde um 1348 vom englischen König Eduard III. gestiftet. Die Mitgliederzahl war auf 26 beschränkt, zu denen Eduard selbst, sein Sohn Eduard (*Der schwarze Prinz*) sowie 24 Ritter, die an der Schlacht von Crécy und am Frankreichfeldzug 1346–47 teilgenommen hatten, gehörten. Die Mitgliederzahl dürfte zwei Turniermannschaften entsprochen haben. Zentrum des Ordens war die königliche Kapelle in Windsor, in der jeder Ritter einen Platz mit Banner und Emblem im Chorgestühl hatte. Die Statuten des Ordens wurden vermutlich 1349 festgelegt, 1519 noch einmal überarbeitet und sind bis heute in Kraft. Die erste Generation der nichtköniglichen Mitglieder dürfte sich aus der ganzen Hierarchie des englischen Rittertums zusammengesetzt haben. Gleichzeitig zeigte die Zugehörigkeit die enge und persönliche Bindung zum Monarchen. Die Ordensfarben Blau und Gold sowie die Devise *Hony soit qui mal y pense* („Ehrlos, wer schlecht darüber denkt") geben die Richtung der politischen Intension vor: Englands Thronansprüche auf dem Kontinent. Der Orden erlangte noch zu Lebzeiten König Eduards III. den hohen Stellenwert in England, den er bis heute behalten hat. Der Hosenbandorden diente aus diesem Grund auch als Vorbild für andere weltliche Ritterorden.

1353 und 1578 – Der Orden vom Heiligen Geist (*Ordre du Saint-Esprit*) wurde 1353 von Ludwig v. Anjou (Ludwig v. Neapel) gegründet; er war der wichtigste Ritterorden in Frankreich und genoss Ansehen in ganz Europa. 1578 reorganisierte ihn der französische König Henri III. zum Dank an den Hl. Geist, der – so glaubte er – ihm an drei Pfingsttagen beigestanden hatte: Der König war an Pfingsten 1551 geboren, Pfingsten 1573 König von Polen und Pfingsten 1574 König von Frankreich geworden.

1362 oder 1364 – Annuntiaten: Der von Amadeus VI. v. Savoyen vermutlich 1364 (oder 1362) gestiftete Ritterorden bestand aus 15 Gründungsmitgliedern. Hauptgrund für die Erschaffung eines Ritterordens dürfte das Kreuzzugsgelübde der Ritter gewesen sein. Durch die Erschaffung einer solchen Institution wollte man ein sehr enges Loyalitätsgefühl schaffen. Da die Gründungsstatuten nicht mehr vorhanden sind, ist sich die Forschung uneins, wer die 14 anderen Ritter waren. Man geht davon aus, dass diejenigen Ritter, die an dem von Amadeus initiierten Kreuzzug (1366–67) teilnahmen, zu diesem Kreis gezählt werden können. Der Hauptsitz des Ordens war das von Amadeus ebenfalls gestiftete Karthäuserkloster Pierre-Châtel. Die Ritter leisteten bei ihrem Eintritt einen Eid zur Verteidigung der Armen, gegenseitiger Treue und sich bei Streitigkeiten einem Schiedsgericht zu unterwerfen. Die „Heilige Jungfrau Maria" steht im Mittelpunkt der Verehrung des Ordens, der mehrere Male reorganisiert, aber immer dem Haus Savoyen ergeben blieb.

1408 – Drachenorden: Die Gesellschaft vom Drachen (*societas draconis*) wurde 1408 vom damaligen ungarischen König und späteren Kaiser Sigismund von Luxemburg gestiftet. Das Ordenszeichen stellte ein Drache dar, der seinen Hals mit seinem Schwanz umschlingt.

Hauptaufgabe des Ordens war der Kampf gegen Heiden, Türken und Hussiten. Gleichzeitig war er ein politisches Instrument Sigismunds, um dessen Anspruch auf den Thron Ungarns durchzusetzen und zu sichern. Nach Sigismunds Tod verlor der Orden zunehmend an Bedeutung. Dennoch können einige bekannte Persönlichkeiten identifiziert werden, etwa der Minnesänger und Schriftsteller Oswald v. Wolkenstein (um 1377–1445) aus Südtirol oder der walachische Fürst Vlad II. *Dracul* („Vlad der Drache" [1395–1447]), der Vater von Vlad III. *Draculea* („Sohn des Drachen"), der als Vorlage für den Vampir in Bram Stokers berühmtem Roman ‚Dracula' (1897) diente.

1430 – Orden des Goldenen Vlieses (Orden vom Goldenen Vlies): Der aus Anlass der Ehe zwischen dem burgundischen Herzog Philipp III. *dem Guten* und Isabella von Portugal am 7.1.1430 gestiftete Orden ist einer der bekanntesten Ritterorden überhaupt. Mit ihm sollten die wichtigsten Adligen aus Burgund sowie dessen Verbündete vereinigt werden. Der offizielle Sitz des Ordens war die Palastkapelle in Dijon, die mit den Wappen der Mitglieder ausgemalt wurde. Da es durch unterschiedliche politische Konstellationen nicht immer möglich war, die jährlich am 30.11. (Tag des hl. Andreas, des Haus- und Ordenspatrons der Burgunder) stattfindende Kapitelsitzung immer am selben Ort abzuhalten, wurden an jedem Ort, an dem diese Sitzung stattfand, die Wappen der Mitglieder in der Kapelle angebracht. Die Ordensstruktur sah einen Kanzler, einen Schatzmeister, einen Herold und einen Historiografen vor. Alle Mitglieder mussten täglich die Halskette tragen, die sie als Ordensmitglied kennzeichnete. Der Orden ähnelte sehr dem englischen Hosenbandorden, der ebenfalls auf 24 Mitglieder beschränkt war. Alle Ordensritter unterlagen nur der Ordensgerichtsbarkeit, und das Oberhaupt durfte nicht ohne die Zustimmung der Ordensbrüder einen Krieg beginnen. Der Orden war der „Jungfrau Maria" gewidmet. Ziel war die Glaubenserhaltung, der Schutz der Kirche und der Ehre des Rittertums.

1434 – Der **Mauritiusorden** wurde 1434 von Herzog Amadeus VIII. v. Savoyen gegründet. Die Verfassung der *militia S. Mauritii* schrieb den Ordensmitgliedern eine adlige Abstammung vor sowie dass sie sich im zivilen oder militärischen Dienst des Herzogtums Savoyen verdient gemacht hätten und mit dem Eintritt in den Orden auch weiterhin dem Herzoghaus mit Rat und Tat zur Seite standen. Alle Ordensritter sollten ein frommes und ehrenvolles Leben am Ordenssitz in Ripaille führen. Ob ein Gelübde abgelegt werden musste, wie es im Mönchtum Brauch ist, ist aus den Quellen nicht ersichtlich. Dem Orden selbst war keine lange Lebensdauer beschieden. 1439 wurde Amadeus VIII. vom Konzil in Basel zum Papst gewählt, nachdem Eugen IV. für abgesetzt erklärt wurde. Als Papst Felix V. bestieg Amadeus den Papstthron, doch wurde diese Wahl von den meisten Ländern nicht anerkannt. Somit gilt Felix V. als letzter Gegenpapst der katholischen Kirche. Nach zehnjährigem Papsttum dankte er ab. Sein gestifteter Orden verlor schon zu dessen Lebzeiten an Anziehungskraft und ging langsam unter.

1444 – Der **Hubertusorden (Ritterorden vom hl. Hubertus)** wurde 1444 von Herzog Gerhard II. v. Jülich-Berg (reg. 1437–75) zum Gedächtnis an den Sieg in der Schlacht bei Linnich gestiftet, der am Tag des hl. Hubertus 1444 errungen worden war und mit dem der Herzog seinen Besitz gegen die Ansprüche seines Vetters Arnold v. Geldern festigte. Ordensstatuten wurden erst unter Gerhards Sohn Wilhelm niedergelegt. Mit dem 17. Jh. erstarb das Ordensleben weitgehend; erst 1708 erfolg-

te unter Kurfürst Johann Wilhelm II. von der Pfalz-Neuburg, Herzog v. Jülich-Berg, in Düsseldorf die Orden Erneuerung des Ordens, der nach Erweiterung der Statuten unter Kurfürst Karl Theodor 1744 ein kurpfälzischer Orden wurde. Mit dem Regierungsantritt des Kurfürsten Karl Theodor von der Pfalz (reg. 1777–99) in München kam der Hubertusorden nach Bayern. Mehrfach restituiert, wurde er nach Verordnung 1808 der höchste Orden im Königreich Bayern; er gilt als einer der „Königlichen Hausritterorden" in Bayern. Bis heute wird der Hubertus-Orden vom „Chef des Königlichen Hauses" in Bayern an Hochadelige verliehen.

1469 – **Michaelsorden**: Der französische Ritterorden *Ordre de Saint-Michel* wurde am 1.8.1469 vom französischen König Ludwig XI. gestiftet. Laut Statuten bestand er aus 35 Rittern; der König hatte die Leitung und ernannte die Ritter. Wie viele andere Orden diente er der Machtkonzentration des Königs. Der Erzengel Michael stand im Mittelpunkt der Verehrung, da er als „erster Ritter" den Drachen (ein Sinnbild des Teufels) bezwungen hatte. St. Michael, dessen Hauptverehrungsort der Mont Saint-Michel vor der Küste der Normandie ist, war eine wichtige sakrale Figur in der Geschichte Frankreichs, sodass die Auswahl gerade dieses Erzengels nicht verwundert. 1476 wurden die Statuten ergänzt und Ämter wie Zeremonienmeister, Schreiber, Kanzler, Herold oder Prèvôt eingeführt. Die Verleihung des Ordens *ordre du roi* galt in den folgenden Jahrhunderten als die höchste Auszeichnung Frankreichs. 1797/1830 wurde der Orden aufgelöst.

Selbst lange nach dem Mittelalter spielten weltliche und höfische Ritterorden teils noch eine wichtige politische bzw. soziale Rolle.

Einen **Ritterorden im Sinne des NS-Systems** wollten auch die Nationalsozialisten gründen, die sogar ein Bauprogramm für „Ordensburgen" auf den Weg brachten (s. Kap. 5.2.2). Der Deutsche Orden war zwar äußerlich ein Vorbild, doch wurde dieser selbst 1938 in Österreich und 1939 in der vom NS-Regime annektierten Tschechoslowakei verboten.

2.5 Ritterbünde im Spätmittelalter

Während des Spätmittelalters kam es – insbesondere in Südwestdeutschland – zur Gründung mehrerer reichsritterlicher Rittergesellschaften, -bünde und -bruderschaften. Intention dieser politischen Interessengemeinschaften war es v.a., ein Gegengewicht zu den expandierenden und zunehmend an Macht gewinnenden Territorialherren und Fürsten sowie ebenfalls politisch und wirtschaftlich erstarkenden Städten zu schaffen. Mehrere Adelsbünde des 14. Jh. (u.a. Sternerbund, Von der alten Minne, Löwenbund) betrieben eine weitgehend städtefeindliche Politik. Manche Städte gingen militärisch gegen diese Ritter vor, belagerten und zerstörten deren Burgen. Berühmt wurde die Belagerung, Beschießung und Zerstörung der Burg Tannenberg. Als Beispiel für solch einen Zusammenschluss soll hier exemplarisch die Hegauer Ritterschaft dienen.

Die Hegauer Ritterschaft vom St.-Georgenschild
(*Gemeinen Gesellschaft mit St. Jörgenschild*)

Im 14. Jh. bildete sich im Hegau (dem Gebiet des heutigen Kreises Konstanz, Baden-Württemberg, und Teilen des heutigen Kantons Schaffhausen der Schweiz) die sog. *Turniergesellschaft zum Fisch und zum Falken* als gesellschaftlicher Zusammenschluss einzelner Ritter und Adliger aus. Dies ist deshalb erwähnenswert, weil das damalige Reichsgesetz – die *Goldene Bulle* von 1356 – den Reichsständen politische Vereinigungen verboten hatte. Dem zum Trotz begannen sich Mitglieder solcher Gesellschaften mehr und mehr gegenseitig Hilfe zu leisten. Als der Adel im Südwesten des Reiches durch den Appenzeller Krieg (1401–29) immer stärker in Bedrängnis geriet und die Forderungen des „gemeinen Mannes" immer lauter wurden, schlossen sie ein Bündnis. So entstand 1406 die Gesellschaft des Adels im Hegau. Parallel dazu wurden im Allgäu und an der oberen Donau ähnliche Bündnisse eingegangen. Diese Bünde schlossen sich 1407 zusammen und konnten 1408 einen ersten militärischen Erfolg gegen die Appenzeller erzielen. Nach Ende dieses Krieges trat die Sicherung des Landfriedens und der eigenen Rechte in den Vordergrund. *„Die Rechtswahrung bezog sich sowohl auf das Innenverhältnis der Mitglieder untereinander als auch auf das Außenverhältnis. Hauptmitglied der rechtl[ichen]. Auseinandersetzung war das Schiedsgericht, doch sah die Einungsstatuten auch die Fehde gegen Rechtsgegner vor"* (LexMA 7, Sp. 1170).

Durch dieses Prinzip der Rechtswahrung kam es aber beispielsweise nicht nur zu Hilfe bei Fehden, sondern es entwickelte sich ein Bedürfnis nach nachbarschaftlicher Nähe und Unterstützung, sodass die Regionalisierung der Gemeinschaft noch gefördert wurde. Dem Bund St. Jörgenschild gelang es, den Frieden im Bodenseegebiet zu erhalten, als die kaiserliche Macht mehr und mehr nachließ. Im Jahr 1488 ging er im Schwäbischen Bund auf, welcher seinerseits 1534 nicht weiter verlängert wurde.

2.6 Der Niedergang des Rittertums im Spätmittelalter

Mehrere Faktoren führten im späten Mittelalter zum Niedergang des Rittertums, der sich im sozialen, wirtschaftlichen und militärischen Bereich offenbarte. Reputationsverlust der Ritter nach dem Verlust der letzten Stützpunkte der Kreuzfahrer und Kreuzritter im „Heiligen Land", die Ablösung der Naturaldurch die Geldwirtschaft sowie taktische und technische Veränderungen im militärischen Bereich waren die Gründe, die in den folgenden Kapiteln kurz skizziert werden.

Wichtig ist jedoch eine Klarstellung vorab: In der populärwissenschaftlichen Literatur wird zwar häufig vom „Ende der Ritter" ebenso wie vom „Ende der Burgen" in der Übergangszeit vom Spätmittelalter zur Frühen Neuzeit berichtet, doch wird dabei oft übersehen, dass es sich in dieser Phase eher um eine strukturelle Änderung des Adelsstandes handelte. Zwar verarmten und „verbürgerlichten" tatsächlich viele Niederadelsfamilien, doch starb der Ritterstand nicht aus. So entstammten die meisten Offiziere, d.h. die militärische Führungsschicht, noch immer weitgehend dem Adel, der nun zwar in Schlössern lebte, doch waren zahlreiche dieser Schlösser durch den Umbau oder anstelle von Burgen entstanden. Zudem gab es sogar einige reichsritterschaftliche Herrschaften, die als „Miniaturstaaten" – teils nur aus der Burg/dem Schloss, einer Mühle und einigen Gehöften bestehend, wie die Herrschaft Pyrmont in der Eifel – bis zum Ende des Reiches 1803/06 bestanden, als die Reichsritterschaft ihre Privilegien und Rechte verlor. Daneben gab es bis zum Ende des *Heiligen Römischen Reiches Deutscher Nation* auch adelige Großgrundbesitzer, deren Ländereien nun nicht mehr Lehens-, sondern Eigenbesitz waren – allerdings nicht in allen Fällen.

Der Hofadel der Frühen Neuzeit lebte – zumindest für einige Zeit des Jahres – in Stadtpalästen, meist in der Nähe der Residenz des Monarchen (z.B. München) oder Fürsten. Es kam also nicht zu einem Ende des Rittertums am Ende des Mittelalters und zu Beginn der Frühen Neuzeit.

Bis 1798 gab es in Europa sogar noch einen Ritterordensstaat: Die 1522/23 vom türkisch-osmanischen Sultan aus ihrem Herrschaftsgebiet auf Rhódos und in der Ägäis vertriebenen Ritter des Johanniter-Ordens siedelten sich 1530 auf Malta und den Inseln des maltesischen Archipels an, wo sie bis zur Auflösung ihres Ordensstaates durch Napoleon ansässig waren (s. Kap. 2.4.1.1).

2.6.1 Der militärische Niedergang

Oft wurde behauptet, die militärische Bedeutung der Ritter als berittener, gepanzerter Kämpfer sei mit dem zunehmenden Einsatz von Feuerwaffen gegen Ende des Mittelalters gekommen, doch setzt sich inzwischen die richtige Erkenntnis durch, dass die Etablierung systematisch strukturierter Infanterie, straff organisierter Fußtruppen, seit dem 14. Jh. zum militärischen Bedeutungsverlust der Ritterheere weit mehr beitrug. Ein frühes Beispiel bietet die Schlacht von Courtrai bzw. Kortrijk 1302, in der flandrische Fußtruppen ein siegessicher in den Kampf gezogenes französisches Ritterheer vernichtend schlugen. Allerdings gereichten auch das Gelände und die Wetterverhältnisse den Siegern zum Vorteil. Insbesondere die eidgenössischen Kämpfer der sich herausbildenden Schweiz wurden im 14. Jh. zu gefährlichen Gegnern für gepanzerte Ritter. In den Kämpfen zwischen Schweizern und österreichischen Heeren zeigte sich die Unterlegenheit der Ritter in Engtälern und sonstigem ungünstigem Gelände, so in den Schlachten von Morgarten 1315 und Laupen

1339. Ein überwiegend aus Bauern bestehendes Schweizer Heer konnte in der Schlacht bei Sempach 1386 die abgesessenen österreichischen Ritter – nach mehreren Attacken – besiegen. Zwar waren die eidgenössischen, überwiegend mit Spießen und Hellebarden ausgerüsteten Kämpfer in offenen Feldschlachten anfangs den berittenen Adeligen noch unterlegen, doch änderte sich dies, nachdem sie mit ausgefeilterer Taktik und längeren Stichwaffen (u.a. *Schweizer Langspieß* und Hellebarden) auftraten (s. Miller/ Embleton).

Während der Burgunderkriege konnten die Eidgenossen in den 1470er-Jahren mit Burgund eine spätmittelalterliche Macht besiegen, die das Idealbild des Rittertums noch besonders pflegte und die bis heute damit assoziiert wird. Legendär wurden die Schweizer Siege in den Schlachten bei Grandson und Murten 1476.

Schon im Hundertjährigen Krieg (1337–1453) hatte sich gezeigt, „dass auch massive Attacken durch Bogenschützen Ritter stark gefährdeten, z.B. in den Schlachten von Crécy 1346 und Azincourt 1415. Langbögen, lange Stichwaffen (Piken, Hellebarden), neue Taktiken, die von vornherein die Topographie eines Schlachtfeldes – besser: Schlachtortes – und die Wetterverhältnisse berücksichtigten, erbrachten Überlegenheit von Infanterie und leichter Kavallerie, zumal die Ritter infolge ihrer immer stärkeren Panzerung zunehmend unbeweglicher wurden. Es wuchs die Gefahr, von Kämpfern zu Fuß mit der Hellebarde vom Pferd gerissen zu werden und so ‚im Stich gelassen‘, d.h. der Gefahr des Erstochenwerdens durch gegnerische Soldaten ausgesetzt zu werden, falls kein Kamerad half.

Als eine der letzten ‚echten Ritterschlachten‘ gilt die **Schlacht bei Mühldorf**, die 28.9.1322 bei Mühldorf am Inn bzw. Ampfing um die Reichskrone ausgetragen wurde. Die Truppen des Wittelsbachers Ludwig der Bayer (reg. 1294–1347, König ab 1314) besiegten damals jene seines Gegenkönigs, des Habsburgers Fried-

rich, gen. der Schöne (Gegenkönig 1314–30). Um die Schlacht gab es, insbesondere in späteren Jahrhunderten, viele sagenhafte Überlieferungen. In der Realität verfügte Ludwig über ca. 1.800 gepanzerte Reiter und 4.000 Mann zu Fuß, sein Kontrahent Friedrich wahrscheinlich über 1.400 Panzerreiter und 5.000 Leichtbewaffnete. ‚Die Schlacht wurde im Wesentlichen von den Panzerreitern ausgefochten. Sie ähnelten jenen vom Ende des 12. Jh. weitgehend. Es handelte sich meist um Adlige, die aufgrund ihres Lehensverhältnisses den beteiligten Fürsten zur Heerfolge verpflichtet waren. Andere dienten gegen Soldzahlung. Diese Kämpfer waren mit einem Topfhelm, einem Kettenhemd, Schwert und Lanze ausgerüstet‘" (Prietzel, http://www.historisches-lexikon-bayerns.de/artikel/artikel_45765, 23.1.2012).

2.6.2 Fürsten, Städte und Klöster als Gegner des ritterlichen Landadels

Die erste große Krise des Rittertums nahm mit der 2. Hälfte des 13. Jh. ihren Anfang, mit dem Ende des staufischen Herrscherhauses und dem folgenden Interregnum, der „kaiserlosen Zeit". Viele der zuvor an das Königshaus gebundenen Ritter und Ministeriale verloren ihre Aufgaben und mussten sich, falls sie nicht über Eigengüter verfügten, als „Dienstmannen" einem hochadeligen Herrn (z.B. Graf, Bischof) anschließen, da der Dienst für einen Dynasten oder (Erz-)Bischof größere soziale Sicherheit brachte.

Gegen Ende des 13. Jh. trug die Vertreibung der letzten Kreuzfahrer aus dem sog. Heiligen Land (Fall von Akkon, 1291) zusätzlich zum Prestigeverlust des Rittertums bei. Beide Faktoren brachten für den Niederadel auch herbe wirtschaftliche Verluste. Insbesondere im 14. Jh. zwangen dann aufstrebende, dem Hochadel entstammende Territorialherren viele Ritter in die Abhängigkeit, wofür u.a. der Trierer Erzbischof Balduin v. Luxemburg (reg. 1307–54) steht, der – wie viele Hochadelige seiner Zeit – Druck auf Ritter ausübte, um sie in seine Dienst- und Lehnsabhängigkeit zu bringen. Hochadelige Landesherren eigneten sich zahlreiche niederadelige Burgen und kleinere Rittergüter an und gaben sie ihren früheren, enteigneten Besitzern als Lehen zurück. Viele Ritter wurden im Spätmittelalter zu Amtsleuten im Verwaltungsdienst der Dynasten und Landesherren. Das Lehnswesen der Feudalzeit wandelte sich so schrittweise zum frühneuzeitlichen Staatswesen mit „Beamtentum".

Viele Könige, Fürsten und Dynasten versuchten ab dem Beginn der Frühen Neuzeit, sich militärisch auf Söldner- statt auf Ritterheere zu stützen. Für die Ritter, die zuvor den Kern von Heeraufgeboten gebildet hatten, bedeutete das einen zusätzlichen Bedeutungsverlust.

Wirtschaftliche Probleme brachte vielen Rittern die Ablösung der Naturalwirtschaft durch die Geldwirtschaft, doch Bargeld fehlte den meisten niederadeligen Rittern, da ihre Einnahmen im Wesentlichen aus Zehnt-, also Naturalabgaben (Lebensmittel, Vieh) seitens der Bauern, die auf den Lehns- und Pachtgütern arbeiteten, bestanden. Doch wie sollte sich ein Ritter ohne Geld eine neue Rüstung oder Waffen kaufen? Viele waren so gezwungen, Teile ihres Besitzes, Güter – oder sogar ihre Burg – zu verkaufen. Einzelne Ritter, die zuvor Besitz und damit das Bürgerrecht in einer Stadt erworben hatten, „verbürgerlichten", d.h., sie und ihre Familien wurden Teil der städtischen Bürgerschaft und verloren mittelfristig ihren adeligen Stand.

Ein mit dem Niedergang des Rittertums im Spätmittelalter verbundenes Phänomen war das „**Burgensterben**"; im 14./15. Jh. wurde etwa die Hälfte der um 1300 existenten Burgen endgültig aufgegeben. Zu den Ursachen gehörten der wirtschaftliche Niedergang der Ritter bzw. des (Nieder-)Adels und die daraus resultie-

rende bauliche Vernachlässigung von Burgen sowie politischer Druck seitens der dynastischen Landesherren oder die Landesherrschaft ausübender Klöster, die ihre Territorien ausbauten und Ritter aus ihren Burgen vertrieben.

Zu den Klöstern, in deren Umfeld Burgen verschwanden, gehörte die 1134 gestiftete Zisterzienser-Abtei Salem im Linzgau (BW), die eines der bedeutendsten Klöster im *Heiligen Römischen Reich (Deutscher Nation)* wurde. Die politische Bedeutung wuchs, nachdem König Karl IV. Salem 1354 zum „gefreiten Stift" im Sinne einer Reichsabtei erhoben hatte. Mit der Zunahme wirtschaftlicher und politischer Macht gelang es der Abtei, viele Adelige im Linzgau von ihren Burgen zu verdrängen, was zu einem Burgensterben in der Region führte.

Das Burgensterben wurde auch dadurch befördert, dass seit dem Spätmittelalter zunehmend auch Städte Burgen erwarben – z.B. die Freie Reichsstadt Überlingen am Bodensee – und so den nahebei ansässigen Niederadel entmachteten. Aus mehr oder weniger repräsentativen Adelsburgen konnten so Vogteien und Amtshäuser, Verwaltungsbauten ohne großen repräsentativen Charakter werden, die vielerorts kaum noch als Burgen erkennbar waren.

Darüber hinaus verlor die Burg als standesgemäße Behausung des Adels und der Fürsten ab dem 15. Jh. zunehmend an Bedeutung zugunsten anderer Architekturformen mit höherem Wohnkomfort in Stadt und Land. Sofern kein entsprechender Ausbau möglich war, konnte der höhere Wohnkomfort nur an neuer Stelle in der Ebene oder in einer Stadt erzielt werden. Da Höhenburgen durch ihre exponierte Lage Sturm und Blitzschlag besonders ausgesetzt waren, kam es immer wieder zu Zerstörungen ohne anschließenden Neuaufbau.

Nachdem im Hochmittelalter Burgen im Kontext territorialer Konflikte vereinzelt zerstört worden waren, haben Zerstörungen von Burgen infolge spätmittelalterlicher und frühneuzeitlicher Kriege und Fehden zum Burgen-

sterben beigetragen, etwa der Feldzug schwäbischer Städte gegen Adelige im Hegau
1441/42, der Schweizerkrieg 1499 in Südba-
den, der Bauernkrieg 1524/25 in Franken und
anderen Regionen.

2.6.3 „Raubritter" und „Fehderitter"

Es gibt kaum eine Region in Deutschland, in
der nicht von „Raubrittern" berichtet wird –
in Sagen und lokalen Überlieferungen. So berichtet man auf der Nürnberger Burg noch
heute vom tollkühnen Sprung des „Raubrit-
ters Eppelein v. Gailingen" mit seinem Pferd
über Burgmauer und Graben hinaus in die
Freiheit. Eppelein (mundartlich für Apoloni-
us) v. Gailingen, der um 1320 im mittelfränki-
schen Illesheim geboren und wegen seiner
Überfälle auf Kaufleute, insbesondere die
„Nürnberger Pfeffersäcke", gefürchtet war,
wurde kurz nach der Zerstörung seiner Burg
1372 durch Nürnberger von diesen gefasst
und zum Tode verurteilt. Sein letzter Wunsch:
noch einmal sein Pferd reiten zu dürfen. Was
folgte, war der Sprung in die Freiheit ...!

Soweit die Sage aus Franken – eine von un-
zähligen „Raubritter-Sagen", von denen es insbesondere auch am Mittelrhein sehr viele gibt.
Hier wird von „Raubrittern" erzählt, etwa vom
Ritter Siebold auf Burg Sooneck bei Trech-
tingshausen; „kein Reisender, der durch sein
Land reiste, war vor ihm sicher. Auch seine
Nachbarn lebten in Angst und Schrecken,
denn mit jedem, der sich nicht an seinen
Raubzügen beteiligte, lag er in Fehde" (Flock
2012). In der Literatur des 19. Jh. taucht zudem der Begriff „Heckenreiter" für die sog.
Raubritter auf; in vielen Druckgrafiken sind
deren Schandtaten bildlich dargestellt. Historische Tatsache ist, dass König Rudolf v. Habsburg (reg. 1273–92) Feldzüge gegen Ritter u.a.
am Mittelrhein führte, die sich das Recht der
Zolleinnahme unberechtigt angeeignet hatten.

Der König ließ manche festsetzen, einige hin-
richten und deren Burgen zerstören.

Doch, gab es tatsächlich „Raubritter"? Der
Begriff entspringt den Klischeebildern vom
Mittelalter, die sich teils schon im 19. Jh. entwickelten und die mit mittelalterlichen Realitäten
kaum etwas zu tun haben. „Raubritter" sind
Hauptpersonen zahlloser Sagen und Erzählungen, sie waren Thema vieler, meist von Laien
verfasster „Sachbücher", und selbst in der Fachliteratur findet der Begriff teils heute noch Verwendung. Es wurden darunter Ritter des Spätmittelalters verstanden, die, um sich zu berei-
chern, zur Gewalt griffen, Straßenraub
begingen und z.B. Kaufleute überfielen, um ihnen ihre Waren abzunehmen und um diese
festzusetzen, um sie erst nach Zahlung eines
Lösegeldes wieder freizulassen. Zu den Gründen für solche Überfälle gehörte die Ablösung
der Naturalwirtschaft – Adelige wurden durch
von ihnen abhängige Bauern mit Naturalien
versorgt – durch die Geldwirtschaft. Als „Raub-
und „Fehderitter" wurden dabei meist Angehörige des Niederadels bezeichnet, die auf den tief
greifenden politischen und v.a. sozialen Wandel
im Spätmittelalter, der vielfach mit Verarmung
verbunden war, mit Fehden und Raubzügen
reagierten.

Tatsächlich war das 14./15. Jh., wie im vori-
gen Kapitel dargelegt, von einer zunehmenden
Krise insbesondere des Niederadels geprägt.
Das langfristige Sinken der Preise für Agrar-
produkte, die Teuerung für gewerbliche Produkte (u.a. Kleidung, Waffen) sowie der Rück-
gang der grundherrlichen Abgaben an die Ritter infolge des durch die Pest bedingten
Bevölkerungsrückganges um 1350 führten
zum wirtschaftlichen Niedergang der Ritterschaft. Gegen Ende des Mittelalters hatte die
Geldwirtschaft die Naturalwirtschaft dann
weitgehend abgelöst, und Ritter aus dem Niederadel hatten so oft kein finanzielles Ein-
kommen. Der Grund für das stark verbreitete
„Raubritter"- und Fehdewesen war also häufig

↑ Der Ritter Götz v. Berlichingen (um 1480–1562), Holzstich von Emil Eugen Sache (1828–1887)

die Armut der Ritter. Der als literarische Gestalt aus Johann Wolfgang v. Goethes Schauspiel ‚Götz von Berlichingen‘ bekannte fränkische Reichsritter Gottfried („Götz") v. Berlichingen (um 1480–1562) schrieb zu diesem Thema: „Hätten sie genug Geld [...], sie würden nie auf Raub ausgehen. Die Armut treibt sie zu Bösem [...]. Glaubt mir, ihr könntet es nicht ohne Tränen ansehen, wie die jungen Junker tagtäglich um Brot und Kleider kämpfen und sich Galgen und Rad aussetzen, um Not und Hunger zu verscheuchen. Sie halten es für ihr gutes Recht, dem Nachbarn Fehdebriefe zu schicken und was sie dann treiben, dünkt sie noch recht und ehrenwert. Sie sind nicht blutdürstig. [...]. Nein, sie wollen gar nicht hoch hinaus. **Sie wollen nur ihr tägliches Brot.**"

Ähnlich äußerte sich der aus einer wohlhabenden Bauernfamilie stammende Kartäuser-

mönch und Literat Werner Rolevinck (1425–1502) über die adeligen „Junker" seiner Zeit: „Sie entstammen edlen Geschlechtern, sind von hohem Wuchs, haben riesige Körperkräfte und auch rege Köpfe, sind von Natur aus gutmütig. Viel Böses lehrt sie und zu vielen Übeln treibt sie die unglückliche Armut [...]. Wie ich glaube, könntest du es nicht ohne Tränen mit ansehen, wie die hübschen Junker tagtäglich um ihr kümmerliches Brot und Kleid kämpfen" (zit. nach Grathoff, http://www.regionalgeschichte. net/bibliothek/glossar/alphabet/r/ritter.html).

Fazit: Viele später sog. Raubritter handelten also durchaus im Bewusstsein, recht zu haben. Sie nahmen sich von Nachbarn und von Kaufleuten, die ihr Gebiet passierten, „nur" das, was ihnen zustand. Übergänge zur Steuer- oder Zolleinnahme waren dabei durchaus fließend. Die neuere Forschung spricht inzwischen auch von „Raubfürsten" und „Raubbürgern", um das Handeln der Ritter am Ende des Mittelalters zu relativieren (Andermann 1997, 9–29).

Inzwischen wird die Bezeichnung „Raubritter" in den Fachwissenschaften weitgehend abgelehnt, da er in mittelalterlichen Quellen überhaupt nicht vorkommt (Andermann 1997). Der Begriff taucht erst gegen Ende des 18. Jh. auf, u.a. im Kontext von Ritterromanen (z.B. ‚Der Raubritter mit dem Stahlarme, oder der Sternenkranz; eine Geistergeschichte‘, in: Wiener Zeitung, 29.9.1798). Letztlich erwuchs die Bezeichnung „Raubritter" aus dem „Unverständnis gegenüber den gesellschaftlichen Strukturen und Rechtsnormen des späten Mittelalters. Das Staatsverständnis des 19. Jhs. wurde entscheidender Maßstab zur Beurteilung der Zustände des 15. und 16. Jhs., während die Motive des Adels und die Voraussetzungen seines Handelns kaum eine Rolle spielten. **Die Fehde als Rechtsmittel des Adels** stand dem Bemühen des Landesherrn und der großen Städte zur Durchsetzung ihres Gewaltmonopols entgegen. Verschiedene Gesetze führten zur

Kriminalisierung der Ritterfehde, was wiederum Voraussetzung für die Entstehung des Begriffs Raubritter war" (Definition: Dr. Clemens Bergstedt). Das Führen von Fehden gehörte immer zum Leben der Ritter. Nach einigen Einschränkungen wurden Fehden mit dem *Ewigen Landfrieden* 1495 vollständig verboten. Zu Fehdezügen hatte vielfach die Plünderung und Zerstörung gegnerischer Ländereien gehört.

Die Fehde war also bis zur Erklärung des *Ewigen Landfriedens* 1495 neben dem Rechtsweg über die Erlangung eines Urteils vor Gericht ein legitimes, allerdings nur dem Adel zugestandenes Mittel der Rechtsfindung. Im Rechtsempfinden und Selbstverständnis des Adels änderte sich das auch nach der Ausrufung des *Ewigen Landfriedens* 1495 nicht (vgl. Kap. 2.6.4 zu Franz v. Sickingen).

Das Bild vom „edlen Ritter" in „glänzender Rüstung" – das übrigens für das gesamte Mittelalter kaum jemals allgemeingültig war – stellte sich gegen Ende des Mittelalters teils so dar, dass ärmere, dem Niederadel entstammende Ritter nicht etwa eine moderne, maßgefertigte Rüstung trugen, sondern beinahe improvisierte Panzerungen, deren Einzelteile verschiedenster Provenienz und Qualität waren. Sogar aus Familienbesitz ererbte Rüstungen wurden genutzt, obwohl sie teils nur ungenügend saßen, da sie für eine andere Person gefertigt worden waren. In der Frühen Neuzeit trugen berittene Kämpfer oft nur einen Halbharnisch.

2.6.4 Die „letzten Ritter" des Mittelalters

Die Bezeichnung „der letzte Ritter" fand Verwendung für zwei bedeutende Persönlichkeiten der Übergangszeit vom Mittelalter zur Frühen Neuzeit: für Kaiser Maximilian I. und den Reichsritter Franz v. Sickingen.

Der dem Adelshaus Habsburg entstammende **Kaiser Maximilian I.** (1459–1519) wurde

1477 Herzog v. Burgund, 1486 römisch-deutscher König, 1493 Erzherzog von Österreich und regierte seit 1508 als Kaiser das *Heilige Römische Reich* (*Deutscher Nation*). Er wurde zwar „Der letzter Ritter" genannt, doch trug er 1495 mit der (von den Reichsständen erzwungenen) Ausrufung des *Ewigen Landfriedens*, mit der Modernisierung des Kriegswesens durch den Aufbau der Artillerie und den Ausbau des Landsknechtswesens durchaus zum weiteren Bedeutungsverlust der Ritterheere bei. Insofern trägt er auch andere Beinamen „Der erste Kanonier" und „Der Vater der Landsknechte", denn einerseits noch den Traditionen und Idealen des burgundischen Rittertums verbunden, zeigte er sich doch Neuerungen gegenüber aufgeschlossen. Mit seinen wissenschaftlichen, technischen, künstlerischen und literarischen Interessen gilt er als der erste Monarch der Renaissance und des Humanismus im Reich, doch konstruierte er auch ein Selbstbild als Verkörperung ritterlicher Ideale und bester Turnierkämpfer seiner Zeit. Dazu trugen die teils von Maximilian selbst zusammen mit anderen Autoren verfassten Schriften bei: ‚Theuerdank' (1517; ‚Die geüerlicheiten vnd eins teils der geschichten des löblich streitbaren vnd hochberümbten helds vnd Ritters Tewrdannckhs', Augsburg 1519), ‚Weißkunig' und ‚Freydal' (unvollendet), die romanhaft die realen und Wunsch-Taten Maximilians schildern. Von Einfluss war hierfür sicher auch die Tatsache, dass seine aus Portugal stammende Mutter Eleonore ihm in seiner Kindheit oft portugiesische Heldensagen erzählt hatte.

Der aus der Pfalz stammende **Reichsritter Franz v. Sickingen** (1481–1523) wurde ebenfalls mit dem Ehrentitel „Der letzte Ritter" benannt. Von seinem Vater hatte er den Familienstammsitz, die Ebernburg bei Bad Münster am Stein, sowie Streubesitz zwischen Unterelsass, Nahe und Kraichgau und ein bedeutendes Vermögen geerbt. Nachdem er 1515 Witwer geworden war, begann Sickingen, sich für die Erhal-

↑ Kaiser Maximilian I. (1459–1519), seit 1508 Kaiser des Heiligen Römischen Reiches (Deutscher Nation), genannt „Der letzte Ritter". Druckgraphik von Albrecht Dürer

↑ Der pfälzische Reichsritter Franz v. Sickingen (1481–1523) wurde ebenfalls „Der letzte Ritter" genannt. Radierung um 1520

tung des Ritterstandes einzusetzen, den er durch die Entwicklungen der Zeit und insbesondere die wachsende Macht der Fürsten und Territorialherren gefährdet sah. Mit der Stärkung des Ritterstandes wollte er auch das König- bzw. Kaisertum stärken, als dessen Stütze er die Reichsritterschaft sah. Seit 1515 stand Franz v. Sickingen in Fehde gegen viele Gegner; obwohl Kaiser Maximilian I. 1495 den *Ewigen Landfrieden* verkündet hatte, bezog er sich dabei auf das zuvor geltende Fehderecht, das eine Art legitimierte Selbstjustiz darstellte. Eine Fehde mit der Reichsstadt Worms am Rhein, bei der er durch Götz v. Berlichingen unterstützt wurde, führte 1515 zur Verhängung der Reichsacht über ihn

durch Kaiser Maximilian I. In der Folge verdingte sich Sickingen bei König Franz I. von Frankreich, für den er die Reichsstadt Metz eroberte. In seinen Fehden war er auch erfolgreich gegen Worms, Lothringen, den Landgrafen v. Hessen und die Reichsstadt Frankfurt am Main, doch stand der Ritter am Ende der Regierungszeit Maximilian wieder aufseiten des Kaisers.

Zu Beginn der 1520er-Jahre gewährte Franz mehreren, auch verfolgten Ideenträgern der kirchlichen Reformation Herberge bzw. Asyl auf seiner Ebernburg. Zu dieser Zeit führte er aber auch seine Fehden fort, nun u.a. gegen die Städte Straßburg und Köln. Infolge ausstehender Zahlungen Kaiser Karls V., der sich bei sei-

↑ Die Belagerung der Burg Nannstein des pfälzischen Reichsritters Franz v. Sickingen (1481–1523) im Jahre 1523

nem Ritter Geld für einen geplanten Feldzug gegen Frankreich geliehen hatte, fehlten diesem seit 1521 knapp 100.000 Gulden.

Im August 1522 lud Franz mittel- und oberrheinische sowie schwäbische Ritter nach Landau ein und begründete mit ihnen den *Landauer Bund*. Er begann noch 1522 als militärischer Führer des auch *Landauer Einung* genannten Bündnisses, den sog. *Pfaffenkrieg* (auch als *Ritterkrieg* und *Trierer Fehde* bekannt), dessen Ziel es war, das Kurfürstentum/Erzbistum Trier zu säkularisieren und der Reformation zuzuführen.

Am 27.8.1522 hatte Franz dem Trierer Erzbischof die Fehde erklärt, doch schon im September zeichnete es sich ab, dass sein Angriff auf die „verweltlichte Kirche" zum Scheitern verurteilt war, und Mitte September brach er die Belagerung ab. Anders als Franz offenbar gehofft hatte, unterstützte ihn auch der Kaiser nicht, vielmehr stellte er die Aufständischen am 10. Oktober unter die Reichsacht. Für den als Landfriedensbrecher bezeichneten Franz v. Sickin-

gen brachte die Reichsacht die Erklärung zur „vogelfreien" Person und die offizielle Erklärung des Verlustes aller seiner Freiheiten, Privilegien und Besitzungen. Zudem gelang es dem Trierer Erzbischof Richard v. Greiffenclau zu Vollrads, mehrere Landesherren des Reiches als Verbündete zu gewinnen. Es gelang den Angreifern, die Kurtrier gehörigen Städte Blieskastel und St. Wendel einzunehmen, doch misslang die versuchte Eroberung der Residenzstadt Trier im September 1522. Vor dem Militär des Erzbischofs und seiner Verbündeten – dies waren Landgraf Philipp *der Großmütige* v. Hessen und der Pfälzer Kurfürst Ludwig *der Friedfertige* – zog sich Franz im April 1523 auf seine Burg Nanstein bei Landstuhl in der Pfalz zurück. Der Artilleriebeschuss der Belagerer führte zur Eroberung der Burg, bei deren Verteidigung Sickingen tödlich verletzt wurde. Er starb am 7. Mai. Die Sieger setzten ihre Eroberungen und Zerstörungen fort; sie nahmen alle Burgen, die Franz v. Sickingen ganz oder in Teilen, d.h. als Anteilseigner (*Gemeiner*) einer Ganerbenschaft (vgl. Kap. 2.2.4.10), gehört hatten, ein. Burg Drachenfels in der Südpfalz, an welcher der Reichsritter als Ganerbe seit 1510 beteiligt gewesen war, wurde nach der kampflosen Übergabe durch die nur neun Mann starke Besatzung am 10.5.1523 zerstört. Mit der Niederlage Sickingens ging der Reichsritterschaft ihr politisches Potenzial endgültig verloren.

Auch nach dem Tode der beiden hier vorgestellten „letzten Ritter" gab es noch Ritter, doch sah das ritterliche Alltagsleben nun anders aus als im Hoch- und Spätmittelalter, wenn auch gewisse Elemente des Rittertums in der Frühen Neuzeit erhalten blieben.

→ „Drei gut Cristen . Caesar Carolus . Herczog Gotfried . Kinig Artus" – Der um 1519 entstandene Holzschnitt von Hans Burkmair (Augsburg) zeigt Kaiser Karl d.Gr., Herzog Gottfried von Bouillon und König Artus in Rüstungen spätmittelalterlicher Ritter.

· DREI GVT CRISTEN ·

CÆSAR· CAROLVS· HERCZOG· GOTFRID·
· KINIG ·ARTVS ·

3 Adelsburgen, nicht „Ritterburgen"

Dem verklärten Mittelalterbild der Romantik des 18./19. Jh. entstammt der Begriff „Ritterburg"; die heutige Burgenforschung nennt den mehr oder weniger wehrhaften, repräsentativen Adelswohnsitz des 11.–15. Jh. in (Mittel-) Europa „Adelsburg". Sie war Wohnsitz einer Adelsfamilie, deren Herrschaftsbasis Grundbesitz/-herrschaft und Lehen bildeten. Die Burg war Zentrum ihrer Politik und Verwaltung, sie „besetzte" das Umland optisch und zeigte, wer im Lande herrscht. Adelsburgen waren, entgegen der Einschätzung vieler Burgenforscher des 19. Jh., keine oft umkämpften Wehrbauten, die ihr Umland militärisch „beherrschten". Neben Adelsburgen gab es weitere Burgentypen, z.B. Kreuzfahrer-, Trutz-, Belagerungs- oder Garnisonsburgen.

Noch im 10./11. Jh. wohnte der Adel offenbar meist auf Herrenhöfen. Umgeben von Palisaden standen eingeschossige, ein- bis zweiräumige Holz- oder Steinhäuser. Schwäche der königlichen Zentralgewalt, Unsicherheit im Reich und wachsender Repräsentationswille führten dann dazu, dass um 900 Dynasten verstärkt Wohnsitze auf Höhen bauten. Der Wende 9./10. Jh. entstammen älteste erforschte adelige Höhenburgen. Um 1000 existierten viele Adelsburgen als repräsentativ-wehrhafte Wohnsitze. Anfangs waren Höhenburgen quasi auf Höhen versetzte Herrenhöfe, wie Burg Salbüel (Schweiz), deren Holzgebäude dem späten 10.–12. Jh. entstammen: Eine Palisade umgab oval ein Hallenhaus, ein Grubenhaus und Nebengebäude. Um 1000 entstanden Burgen mit steinernem Wohnturm. Wohnturm und weitere Bauten umgab eine polygonale Ringmauer. Etwa zeitgleich wie die Turmburg verbreitete sich die Motte (frz. *la motte*, Hügel). Deren künstlich aufgeworfenen Hügel, der einen Wohnturm aus Holz, geschützt durch Palisaden,

trug, umgab ein Wassergraben. Wahrscheinlich verbreitete sich die Motte von Frankreich ab 10./11. Jh. in Teilen Europas. Motte und Turmburg verfügten über eine Vorburg mit Wirtschaftsbauten. Das Grundmodell der Adelsburg war so ausgeprägt.

Neben dem Hochadel bauten ab dem 11. Jh. Edelfreie, Niederadelige und Ministeriale Burgen: Der Ritterstand zeigte seinen gesellschaftlichen Rang durch eine Burg als Statussymbol. Burgen aufstrebender Ministerialen der Stauferzeit glichen teils Grafenburgen. Bauplätze waren Berggipfel oder -sporne; im Flachland entstanden Wasserburgen. Prägnantes Herrschaftssymbol war der Bergfried, der dominierende Hauptturm; er löste den Wohnturm ab. Erste Bergfriede entstanden Mitte des 12. Jh. Daneben war der Wohnbau oder Palas Bestandteil einer Adelsburg; Letzterer enthielt Wohnräume und einen Saal. Eine Ringmauer bzw. einzelne Gebäude verbindende Wehrmauern umschlossen die Burg. Ein Mauertor, ein mehr oder weniger wehrhafter, repräsentativer Torbau oder -turm, bildete den Zugang. Äußere Gräben sicherten die Burg zusätzlich. Meist war deren Grundriss dem Gelände angepasst. Was eine Burg ist, definierten Rechtsbücher, schriftlich fixierte Sammlungen älterer Gesetze (Sachsen- und Schwabenspiegel). In ihnen war festgelegt, wie tief z.B. ein Graben, wie hoch eine Mauer sein durfte.

Bis Anfang des 15. Jh. baute der Hochadel Burgen im Kontext der Territorialbildung. Burgen dienten nun nicht mehr dem Reich, sie waren Stützpunkte aufstrebender Partikulargewalten. Nach Konsolidierung der Territorien bestand dann kaum noch die Notwendigkeit zum Burgenbau, doch wurden bestehende Burgen teils aufwendig ausgebaut. Im 14./15. Jh. begannt das *Burgensterben*; ca.

50% der um 1300 bestehenden Burgen werden endgültig aufgegeben. Ursachen waren wirtschaftlicher Niedergang der Ritter nebst baulicher Vernachlässigung und politischer Druck expandierender Territorialherren. Viele Burgen waren anfangs des 16. Jh. baufällig oder Ruinen, doch blieben einstige Burgstandorte – *Burgstall* genannt – wichtig, da Einkünfte, Rechte und Privilegien daran gebunden waren.

4 Fort- und Nachleben des Rittertums in der Frühen Neuzeit

Viele Historiker versuchten, einen konkreten Zeitraum zu benennen, der „das Ende des Mittelalters" bezeichnet – dieser wurde von ihnen mehrheitlich in den Jahrzehnten zwischen Mitte des 15. Jh. und 1525 (Bauernkrieg) gefunden. Bei differenzierter Betrachtung zeigt es sich jedoch schnell, dass das Mittelalter nicht einfach endete und durch die Renaissance „abgelöst" wurde, sondern dieser Übergang ein lang andauernder, vielschichtiger Prozess war, der sich zudem in verschiedenen Regionen des heutigen Deutschlands und Europas unterschiedlich darstellte. Technische Entwicklungen und Erfindungen (u.a. Räderuhr, Buchdruck) sowie weltanschauliche (u.a. Ausprägung des Humanismus) und religiöse (Reformation) Umwälzungen prägten jene Übergangszeit ebenso wie Entdeckungsreisen (u.a. die „Entdeckung" der „Neuen Welt" – Amerikas – durch Christoph Kolumbus 1492) und die „Aufteilung der Welt" zwischen Spanien und Portugal durch den Vertrag von Tordesillas 1492. Die sich damit abzeichnenden politischen und sozialen Umwälzungen hatten jedoch vorerst keinen unmittelbaren Einfluss auf das Alltagsleben von Rittern, Bürgern und Bauern in den einzelnen Regionen Europas.

Bereits in Kapitel 2.5 dieses Buches wurde darauf hingewiesen, dass in populärwissenschaftlicher Literatur oft das „Ende der Ritter" und das „Ende der Burgen" in der Übergangszeit vom Spätmittelalter zur Frühen Neuzeit benannt sind, doch war auch dies kein abruptes Ende, sondern ein über einen langen Zeitraum währender Prozess, während dessen strukturelle Änderungen des Adelsstandes erfolgten. Während dieser historischen Phase verarmten und „verbürgerlichten" viele niederadelige Familien – sie sanken in den Bürger- oder sogar den Bauernstand ab –, doch starb der Ritterstand damit nicht aus. Zu Beginn der Frühen Neuzeit und noch lange danach entstammten die meisten Offiziere, und somit die militärische Führungsschicht, noch weitgehend dem Adel, und die meisten Adeligen lebten nun in Schlössern, die durch Umbau und Erweiterung oder anstelle einer Burg entstanden waren. Dieser landsässige Adel zeichnete sich vielfach durch ein konservatives Selbstbild und dem Mittelalter entstammende Traditionen aus.

Da für das Spätmittelalter eine Tendenz des Niederadels zu verzeichnen ist, das **Bürgerrecht** in Städten zu erlangen – viele erhofften sich eine potenzielle Unterstützung der Stadt im Falle einer Fehde –, lag es nahe, dass Adelige im 15./16. Jh. mancherorts zu Führern städtischer Söldnertruppen wurden.

Der 1542 begründeten, bis 1803 bestehenden **Reichsritterschaft** gelang es, ihre

Reichsunmittelbarkeit – die Reichsritter unterstanden nur dem Kaiser/König und dem Reich – zu wahren; sie waren damit gegen potenzielle landesherrschaftliche Zugriffe auf ihr Gebiet, ihren Besitz etc. gefeit. Nachdem schon mit dem Spätmittelalter die Ausbildung von Territorialstaaten eingesetzt hatte, war das für den Niederadel von existenzieller Bedeutung. Reichsritter mussten keine Steuern entrichten, durften solche jedoch innerhalb ihrer Herrschaften erheben. Schließlich gelang der Reichsritterschaft durch die Eingliederung in die neue Staatlichkeit der weitgehende Erhalt ihrer Autonomie und traditioneller, adeliger Lebensformen. Die hochmittelalterlichen Werte des Rittertums gingen in der Frühen Neuzeit zunehmend verloren, aber der Wandel vom mittelalterlichen Ritter zum neuzeitlichen Juristen oder Offizier war beschritten.

Vereinzelt bestanden **reichsritterschaftliche Herrschaften** als „Miniaturstaaten" bis zum Ende des *Heiligen Römischen Reiches Deutscher Nation* 1803, als die Reichsritterschaft ihre Privilegien und Rechte verlor. Solche Herrschaftsgebiete bestanden von Fall zu Fall nur aus einer Burg/einem Schloss nebst einem Dorf sowie einigen Höfen. In der Herrschaft Pyrmont/Eifel gab es neben der Burg/dem Schloss gar nur eine Mühle und einige Gehöfte. Zudem existierten bis zum Ende des Reiches adelige Großgrundbesitzer, deren Ländereien nicht mehr Lehens-, sondern Eigenbesitz waren. Die teils aus dem Niederadel erwachsene Reichsritterschaft, die im König bzw. Kaiser ihren Herrn und sich somit als reichsunmittelbar sah, schloss sich zur Wahrung ihrer tradierten Rechte und Privilegien im 16. Jh. zu „Ritterkantonen" und -bünden zusammen (vgl. Kap. 2.5).

An den Höfen bzw. in den Residenzen des Hochadels entwickelte sich eine teils neu strukturierte Aristokratie, der **Hofadel**. Dieser setzte sich aus „altem Geblütsadel und fähigen Fachleuten" zusammen, die aus dem Niederadel aufgestiegen waren und z.T. „dem immer reicher werdenden Bürgertum" entstammten; für „sie alle galt es, ein Gefühl der Besonderheit zu gewährleisten, das [...] an die Bewunderung der hochmittelalterlichen Kultur anschließen konnte. Daraus ergibt sich der Wert einer Inszenierung ‚ritterlicher' Tradition, die ebenso für ein Gemeinschaftsgefühl innerhalb der faktisch inhomogenen Gesellschaft sorgten, wie sie die Abgrenzung nach unten gewährleistete. Nicht von ungefähr hat man von einer Ritterrenaissance, ja Ritterromantik im 15. Jh. gesprochen. Nur muss man sich dabei bewusst sein, dass es sich keineswegs um bloße Nostalgie oder Dysfunktionalität handelte: Das mittelalterliche Rittertum wird vielmehr dringend benötigt, um Spannungen einer sich herausbildenden ‚neuen Zeit' abzufedern" (Göttert 2011, 26).

Der Hofadel der Frühen Neuzeit lebte – zumindest für eine bestimmte Zeit des Jahres – in Stadtpalästen, meist nahe der Residenz des Monarchen (z.B. München, Schwerin) oder Fürsten. Es kam also tatsächlich nicht zum „Ende des Rittertums" gegen „Ende des Mittelalters" oder zu Beginn der Frühen Neuzeit. Auch der Begriff des Ritters lebte in den Bezeichnungen *Chevalier* oder *Kavalier* fort. Zu Ende war mit dem 16. Jh. jedoch endgültig die Zeit der Ritter als gepanzerter, schlachtentscheidender Reiterei, wenn sie auch symbolisch im Turnierwesen überlebte (s.u.).

Es ist hier noch einmal auf eine der beiden mit dem Beinamen **„Der letzte Ritter"** versehenen Persönlichkeiten an der Wende des 15. zum 16. Jh. zurückzukommen, auf Kaiser Maximilian I. (1459–1519, ab 1486 römisch-deutscher König, ab 1508 Kaiser) – zur Erinnerung: Der andere war der Reichsritter Franz v. Sickingen (1481–1523) (zu beiden s. Kap. 2.6.4). Bei Maximilian rekurriert der Beiname auf die unter ihm begonnene Umgestaltung des *Heiligen Römischen Reiches (Deutscher Nation)* in einen modernen Verwaltungsstaat, ohne jedoch die mittelalterliche Wurzeln und Ideale aus dem Blick zu verlieren. Ein weiterer Grund für den Beinamen war Maximilians Leidenschaft für **ritterliche Turniere**, die er zeit seines Lebens pflegte. Auf dem Turnier von Arnheim 1481 kam sein Kontrahent zu Tode, 1486 verlor er selbst ein Auge beim Turnier anlässlich des Kölner Reichstages, und noch 51-jährig bestritt er in Augsburg ein Turnier. Im Kontext mit dieser Hinwendung zur mittelalterlichen Tradition des Turniers ist Maximilians Interesse an hochmittelalterlicher Lyrik zu sehen (s.u.).

War die Turnierteilnahme anfangs nur Adel und Rittern gestattet, die zuvor eine Wappenprobe bestehen mussten, kam es im Spätmittelalter und der Frühen Neuzeit zu weitreichenden Änderungen und zur Aufweichung der adeligen Exklusivität. Hatten sich im Spätmittelalter noch, insbesondere im süddeutschen Raum, Turniergesellschaften mit einem umfassenden, auch das Alltagsleben umfassenden Ehrenkodex gegründet, welche ritterliche Kultur und Traditionen bewahren wollten, veranstalteten bald auch das städtische Patriziat und Bürgerliche an ritterlichen Turnieren orientierte Kampf- bzw. Geschicklichkeitsspiele (s. Darstellung von Jost Amman: Gesellen-Stechen der Patriziersöhne in Nürnberg, 1561). In Freien Reichsstädten hatten sich inzwischen Bürgermilizen und -militär gebildet, die im Kriegsfalle zum Reichsaufgebot Kontingente zu stellen hatten. Städtisches Bürgertum war im Laufe des Spätmittelalters zudem zunehmend mit Turnieren konfrontiert worden, da der Adel Städte als Austragungsorte für Turniere aufsuchte (z.B. Schaffhausen/Schweiz 1436, 1438; Würzburg 1479; Stuttgart, Ingolstadt, Ansbach, Bamberg und Worms 1484/87; Nürnberg 1538; s. hierzu Jezler et al. 2014). Städte boten eine bessere Infrastruktur zur Versorgung der Turnierteilnehmer und der Besucher/-innen sowie zusätzliches Publikum für die adelige Selbstdarstellung. Nachdem dann das wohlhabende (Handels-)Bürgertum begonnen hatte, sich teure Rüstungen zuzulegen und Wappen zu führen, reagierte der landsässige Adel mit der erwähnten Gründung von Turniergesellschaften zur Abgrenzung der Stände voneinander. Die Turnierordnungen dieser Gesellschaften (z.B. Würzburger Turnierregister, 1479; Heidelberger Turnierordnung, 1485) schlossen Handeltreibende, und damit weite Teile des städtischen Patriziats, von Turnieren aus.

Tatsächlich hatte das Turnierwesen noch bis weit ins 17. Jh. hinein Bestand. So berichten viele, teils aufwendig gestaltete Chroniken und Schriften über Turniere im Kontext höfischer Feste, etwa anlässlich fürstlicher Hochzeiten, „Beilager" oder Kindstaufen. Hierfür einige Beispiele (chronologisch):

1598 Wilhelm Scheffer gen. Dilich: *Beschreibung und Abriss dero Ritterspiel, so der Durchleuchtige Herr Moritz. Landgraf zu Hessen … auff die fürstliche Kindtauffen Frewlein Elisabethen … am fürstlichen Hoff zu Cassel angeordnet, gefeiert im August 1596 zu Cassel.* Kassel 1598.

1603 *Kurtze und doch ausführliche Relation und warhaffte Erzehlung von gehaltenem Beylager Des … Christiani II. Hertzogen zu Sachsen … und Churfürsten …; Jtem Welcher massen das Ringrennen und Turnieren … verrichtet worden.* Jena 1603.

1614 *Cartel, Auffzüge, Vers und Abrisse, So bey der Fürstlichen Kindtauff vnd frewdenfest zu Dessa … in gehaltenem Ringel vnd Quintanen Rennen, Auch Baletten und Täntzen … praesentiret worden …* Leipzig 1614.

1615 *Auffzüge, Ritter-Spiel, auch Ballet, So in des … Fürsten und Herren, Herren Johann Georgen, Fürsten zu Anhalt … Fürstlichem Hofflager zu Dessa, Bey des … Herrn Georg Rudolph, Hertzogen in Schlesien…Mit Fraw Sophia Elisabeth, Hertzogin in Schlesien … Gebornen Fürstin zu*

Anhalt ... Hochzeitlichem Frewdenfest und Fürstlichem Beylager ... gehalten worden ... Leipzig 1615.

1650 *Cartel des Ballets vom Paride und Helena etc., welches Johann Georg, Hertzog zu Sachsen dero ... Brüdern ... Christian und Moritzen ... und denen beyderseits Bräuten ... auf dero ... Beylager ... vorstellte.* Dresden 1650.

Besonders bemerkenswert ist Wilhelm Dilichs (1571–1650) Beschreibung der Taufe Elisabeths v. Hessen-Kassel in einem zweibändigen, mit Stichen illustrierten Werk, dessen 1. Band (1598) in Text und Bild die Feierlichkeiten präsentiert, die Landgraf Moritz v. Hessen (1572–1632) vom 24. bis 28.8.1596 in Kassel anlässlich der Taufe seiner Tochter Elisabeth (1596–1625) ausrichten ließ. Die überwiegend doppelseitigen Druckgrafiken zeigen Szenen des Rahmenprogramms (u.a. Rossturnier, Ringelrennen, Feuerwerk) und der Festaufzüge mit allegorischen, historischen und mythologischen Figuren sowie Turnierreitern.

Doch zurück zu Kaiser Maximilian I. Neben der augenfälligen, symbolischen Inszenierung mittelalterlichen Rittertums, u.a. im Rahmen von Turnieren, beschränkte er mit

---

Der Turnier-Begriff

Seit 1912 findet der Begriff Turnier als Bezeichnung für Wettkämpfe im Pferdesport (z.B. Reit- oder Springturnier) im deutschen Sprachgebrauch Verwendung. Die Adaption des Begriffes resultierte aus einem Aufruf der Zeitschrift St. Georg an ihre Leserschaft, ein deutsches Wort für das bis dahin international gebräuchliche „concours hippique" vorzuschlagen. Es war der Bezug zu Pferden, der zur Wahl des Wortes Turnier führte. Nach und nach wurde der Turnier-Begriff auch auf andere Sportarten übertragen (z.B. Fußballturnier), und selbst Schachwettkämpfe werden so bezeichnet.

---

der Einführung des *Ewigen Landfriedens* 1495 und der auf dem Reichstag zu Worms beschlossenen Gründung des Reichskammergerichtes das ritterliche Fehdewesen (s. Kap. 2.6.3) und damit – zumal aus deren Sicht – Rechte der Ritter, insbesondere das Recht zur zuvor legitimen Selbstjustiz. Der Staat stellte sich dadurch über den Einzelnen. Nun sollte der Jurist mit Wort und Feder, nicht mehr der Ritter mit Schwert und Lanze kämpfen. Dennoch begann die Frühe Neuzeit nicht 1495, denn der ritterliche Adel konnte alte Freiheiten zurückerobern. Einer der bekanntesten Streiter für diese Sache war der Ritter Götz v. Berlichingen. Dieser Name suggeriert sofort Goethes gleichnamiges Drama (1771/73), doch es wäre falsch, die historische Persönlichkeit danach zu bewerten. Goethe kannte nur bedingt die Fakten zu dieser Person. Götz kämpfte anfangs für Kaiser Maximilian auf dem Feldzug gegen Burgund und die Eidgenossen und verlor seine rechte Hand im Pfälzer Krieg. Er ließ sie durch eine eiserne Prothese ersetzen, die legendär wurde. Nach dem Verlassen der kaiserlichen Dienste trat er als „Fehderitter" (zum Begriff s. Kap. 2.6.3) in Erscheinung, der Konflikte mit Städten, Bischöfen und Fürsten austrug. Er schloss sich dem Bauernaufstand 1525 an, wobei er später behauptete, er sei zum Anführer gepresst worden, wechselte die Seiten, wurde 1530 gefasst und musste Urfehde (d.h. Verzicht auf jede Fehde) schwören. Götzens Lebenslauf zeigt, was Maximilian einzuschränken versuchte: Die auf Selbsthilfe beruhende Freiheit der Ritter, die im Fehderecht am deutlichsten hervortrat. Die Verteidigung der Autonomie des niederen Adels mit Waffengewalt, wie es Götz v. Berlichingen versucht hatte, scheiterte und musste auf anderem Wege stattfinden. Auch dies war ein Fakt des Strukturwandels des Rittertums, doch vollzog sich auch dieser Aspekt des Prozesses vergleichsweise langsam.

Auch beim Blick in wichtige Werke der **Literatur** der Frühen Neuzeit wird deutlich, dass mit deren Anbruch das Rittertum kein jähes Ende fand. So waren Ritterromanzen äußerst beliebt, etwa der wahrscheinlich im 13. Jh. entstandene Roman ‚Amadis de Gaula' (Amadis von Gallien), der 1540–77 tatsächlich 117 Neuauflagen erlebte und ein weiter bestehendes bzw. im Neu-Adel erwachsenes Interesse am Themenkreis um den legendären König Artus belegt. In diesen Kontext gehörten noch Autoren wie Torquato Tasso († 1594) mit seinem Werk ‚Gerusalemme liberata' (Das befreite Jerusalem) und Edmund Spenser († 1599) mit ‚The Faerie Queene' (Die Feenkönigin). Schon der als „Der letzte Ritter" bezeichnete Kaiser Maximilian I. (1459–1519) hatte, wie andere hochadelige Zeitgenossen, hochmittelalterliche Lyrik sammeln lassen und sie so für die neue Epoche gerettet.

Mit dem 1605 erschienenen Roman ‚Don Quixote de la Mancha' (Der sinnreiche Junker Don Quijote) schuf dann Miguel de Cervantes († 1616) ein literarisches Werk, in dem „die Ritterschaft zwar scheinbar ins Lächerliche gezogen" wird, im dem es jedoch im Kern darum geht, „dass es die ritterlichen Verhaltensweisen und der ritterliche Kodex sind, die sich in einer stark veränderten Welt nicht länger halten können. Höfische Liebe und Ritterreisen werden zu ironischen Parabeln, und dem gelehrten Rittertum ist kein Wert mehr in der Gesellschaft beigemessen" (Pohanka 2011, 213).

Auf den bis 1798, bis gegen Ende der Frühen Neuzeit, in Europa existierenden **Ritterordensstaat** der Johanniter- bzw. Malteser-Ritter wurde bereits verwiesen. Dieser im Hospitalwesen und der Bekämpfung der Expansion des Osmanischen Reiches engagierte Ritterorden hatte sich in seinen Funktionen stark spezialisiert und stand für diese bis zum Ende des Ordensstaates, der, 1307 durch eine päpstliche Bulle anerkannt, bis 1522 sein Staatsgebiet in der griechischen Ägäis – genauer: auf der Insel Rhódos und weiterer Inseln der Dodekanes sowie in Brückenköpfen auf dem kleinasiatischen Festland – hatte. 1522/23 vom türkisch-osmanischen Sultan Süleiman aus seinem Staatsgebiet vertrieben, erhielt der Johanniter-Orden 1530 Malta und die Inseln des maltesischen Archipels von Kaiser Karl V. zu Lehen, wo er bis zur Auflösung des Ordensstaates durch Napoleon 1798 ansässig war.

↑ Pierre d'Aubusson, Großmeister des Johanniter-Ritterordens beaufsichtigt den Ausbau der Stadtbefestigung von Rhódos/Griechenland. Buchmalerei in der Prachthandschrift der Chronik der türkischen Belagerung von Rhódos 1480 von Guillaume Caoursin, 1480/81, entstanden Anfang 16. Jh.

5 Rezeption des Rittertums in der Neuzeit bis zur Gegenwart

5.1 Rezeption des Rittertums im 19. Jh.

5.1.1 Rezeption des Rittertums in der Romantik und ihrer Nachfolge (Ende 18. Jh./19. Jh.)

Während der geistesgeschichtlichen bzw. politischen Epoche der Romantik, die gegen Ende des 18. Jh. ihren Anfang nahm, kam es zu einer Neubelebung ritterlicher Ideale des Mittelalters. Nachdem Burgruinen bis dahin von der umwohnenden Bevölkerung vielfach als Steinbrüche für Baumaterialien betrachtet wurden, entwickelte sich seit dem letzten Drittel des 18. Jh. ein neues, kulturhistorisch ausgeprägtes Verhältnis zu Ruinen, das verschiedene Ausformungen erfuhr. So vermittelte die Auseinandersetzung mit Ruinen historischer Bauwerke, insbesondere mit Burgruinen, den Zeitgenossen zunehmend ein „Bildungserlebnis", eine Begegnung mit der Geschichte eines Bauwerkes und seiner Region, und die Burgruine wurde zu einer Erinnerungsstätte an bedeutsame Ereignisse und Adelsgeschlechter des Mittelalters. Zu Beginn des 19. Jh. erschienen, v.a. im deutschsprachigen Gebiet, viele Veröffentlichungen, die in romantischer Verquickung von Sagen und Geschichte Burgen („Ritterschlösser") und ritterliche Geschlechter thematisierten. Ein Beispiel bietet das von Ottmar Friedrich Heinrich Schönhuth verfasste Werk ‚Die Ritterburgen des Höhgau's', dessen 4. Band 1834 in Konstanz erschien. Manche dieser Werke propagierten in einem patriotischen Unterton ein als vorbildlich für die eigene Gegenwart gesehenes Mittelalter.

Schon 1790 gründete der österreichische Hofrat Anton David Steiger unter seinem Pseudonym „Hainz am Stein der Wilde" die „Wildensteiner Ritterschaft auf Blauer Erde", einen Ritterbund, der auf der angemieteten Burg Seebenstein ansässig war und den Namen eines in der Region ansässigen Adelsgeschlechts trug. Die Bundesmitglieder gerierten sich als mittelalterliche Ritter, wählten sich entsprechende Titel und veranstalteten Ritterspiele. Unter den Mitgliedern war sogar der österreichische Erzherzog Johann, und Kaiser Franz II. erhob A. D. Steiger in den Adelsstand mit dem Titel Edler v. Amstein. Trotz dieser hochrangigen Verbindungen blieb dem Bund gegenüber ein gewisses Misstrauen am Kaiserhof, und schließlich wurde der Bund 1823 auf Initiative des Fürsten Metternich aufgelöst. Es wird angenommen, dass sich Mitglieder der aufgelösten Ritterschaft auch nach dem offiziellen Ende der Organisation weiterhin im Geheimen zusammenfanden. Um die Mitte des 19. Jh. entstanden weitere Ritterbünde in Bayern und in Österreich; 1884 soll es 32 solcher Gesellschaften gegeben haben.

5.1.1.1 Ritterromane

Während der Romantik erfuhr das Ideal vom mittelalterlichen Ritter und seinen Tugenden eine weitreichende Wiederbelebung, die weit ins 20. Jh. hineinreichte. Nach den Umwälzungen der Napoleonischen Zeit bis 1815 und bedingt durch die für den Adel „bürgerliche Bedrohung" des bestehenden Ständegesellschaft infolge der Revolution von 1848 kam es zu einer Hinwendung zum Mittelalter. Dessen feudale Ordnung und – idealisierte – ritterliche Tugenden wurden zum eskapistischen Gegenbild zu der sich ausprägenden bürgerlichen Gesellschaft. Dieses Idealbild findet sich nicht zuletzt in Ritterromanen des 19. Jh., einem Genre, das mit dem Ende des 18. Jh. aufkam, als *Gothic Novels* in Großbritannien, als „Schauer-", „Räuber-" und „Ritterromane" im deutschsprachigen Raum. Am Anfang dieser Entwicklung stand der Roman ‚The Castle of Otranto' von Horace Walpole (1764). Der in der Zeit der Kreuzzüge verortete Roman begründete die romantische Gattung *Gothic Novel* bzw. „Schauerroman". Die 3. Auflage 1766 trug den Untertitel „A Gothic Story". Die Hauptperson des Romans, Manfred, wurde durch den Staufer König Manfred von Sizilien inspiriert, dem die Burg Otranto gehört hatte.

Durch die Ausprägung eines historischen Bewusstseins und einer Neubewertung der eigenen Geschichte im Europa des 19. Jh. entwickelte sich der Ritterroman dann zu einer Sonderform der Gattung historischer Roman.

Der Dichter Heinrich Heine thematisierte am 18.8.1820 in seinem Artikel „Die Romantik" im ‚Rheinisch-westphälischen Anzeiger. Kunst und Wissenschaftsblatt' die Bezüge zwischen Romantik und Rittern: „Viele aber, die bemerkt haben, welchen ungeheuren Einfluss das Christentum, und in dessen Folge das Rittertum, auf die romantische Poesie ausgeübt haben, vermeinen nun beides in ihren Dichtungen einmischen zu müssen, um denselben den Charakter der Romantik aufzudrücken."

Stellvertretend für solche Ritterromane werden hier vier wichtige Beispiele vorgestellt.

Friedrich de la Motte Fouqué: ‚Der Zauberring' (1813)

Der einer Hugenottenfamilie entstammende romantische Dichter Friedrich Heinrich Karl Baron de la Motte Fouqué, Baron de Saint-Surin, Seigneur de la Greve (*12.2.1777 Brandenburg a. d. Havel, † 23.1.1843 Berlin)

war als Teenager in die preußische Armee eingetreten und bereits als 17-Jähriger Fähnrich. Er nahm 1794 am Rheinfeldzug gegen die französischen Invasoren teil und diente später als Leutnant im Kürassierregiment des Herzogs v. Weimar in Aschersleben. 1802 quittierte er den Militärdienst, und 1803 heiratete er seine 2. Frau, Caroline v. Rochow, mit der er auf Schloss Nennhausen bei Rathenow lebte. Beide Eheleute waren Schriftsteller; Fouqué anfangs unter dem Pseudonym *Pellegrin*, gefördert von August Wilhelm Schlegel. Noch während der Zeit der französischen bzw. napoleonischen Besetzung Deutschlands entstanden die ‚Romanzen vom Thale Ronceval' (1805), der Roman ‚Historie vom edlen Ritter Galmy und einer schönen Herzogin aus Bretagne' (1806), der Roman ‚Alwin' (1808) und das Heldenspiel ‚Sigurd, der Schlangentöter' (1808), im romantischen Geiste orientiert an Heldensagen des Nordens und Ritterromanen des französischen Mittelalters.

1808/20 erschienen mehrere bedeutende Werke Fouqués, so ‚Undine' 1811 und der Ritterroman ‚Der Zauberring' 1813, in dem Jahr, in dem Fouqué, dem allgemeinen Wunsch nach der Befreiung von Napoleons drückender Besetzung Deutschlands und weiter Teile Europas folgend, wieder in die preußische Armee eintrat: Als Leutnant und Rittmeister der freiwilligen Jäger war er so an Kämpfen und Schlachten des Befreiungskrieges beteiligt. 1815 nahm er als Major Abschied vom Militär und kehrte nach Schloss Nennhausen zurück, wo er sich erneut der Schriftstellerei widmete. Es folgten noch zahlreiche Werke, denen nordische Sagen und Überlieferungen oder Ereignisse der mittelalterlichen, aber auch frühneuzeitlichen Geschichte zugrunde lagen. Insgesamt bietet Fouqués Werk eine Themenvielfalt von nordisch-heidnische Mythen über ritterliche Helden bis hin zu magiekundigen Frauen; es hat sicher die Fantasy-Literatur des 20. Jh. mit beeinflusst.

In seinem Roman ‚Der Zauberring' beschwört Fouqué aus der Sicht seiner Zeit die Ideale des Rittertums und der Ritterlichkeit.

Sir Walter Scott: ‚Ivanhoe' (1820)

Der historische Roman ‚Ivanhoe' des schottischen Schriftstellers und Juristen Sir Walter Scott, 1. Baronet von Abbotsford (*15.8.1771 in Edinburgh, † 21.9.1832 in Abbotsford), den dieser 1820 – wie auch seine anderen Werke zu Beginn – anonym veröffentlichte, wurde stilprägend für die Ritterromane der Romantik und begründete die Gattung des historischen Romans mit. Scott gehörte zu den meistgelesenen Autoren seiner Zeit, auch auf dem Kontinent. Hochrangige deutsche Dichter wie Goethe und Fontane schätzten und lobten ihn, andere Schriftsteller wurden durch Scott beeinflusst (z.B. Wilhelm Hauff, Theodor Fontane, James Fenimore Cooper, Honoré de Balzac, Victor Hugo oder Alexander Puschkin). Viele seiner historischen Romane dienten als Vorlage für Schauspiele, Opern und Filme. So wurde auch ‚Ivanhoe' mehrfach verfilmt, zuerst 1911!

Walter Scott begann seine Karriere als Schriftsteller 25-jährig mit nachdichtenden Übersetzungen deutscher Dichtungen (u.a. ‚Götz von Berlichingen'). Die Handlungen seiner ersten Romane bezogen sich dann auf das Schottland des 17./18. Jh. Hingegen ist die Handlung des Romans ‚Ivanhoe' im England des 12. Jh. angesiedelt. Schon zuvor hatte sich Scotts Interesse am Mittelalter gezeigt. So ließ er sich seine 1811 erworbene, am Südufer des Tweed bei Melrose gelegene Farm zum Abbotsford House mit Türmen, Erkern und Zinnen im Sinne der Burgenromantik des 19. Jh. ausbauen.

Hauptperson des in England spielenden Romans ‚Ivanhoe' ist der aus dem „Heiligen Land" zurückgekehrte Kreuzritter Sir Wilfred of Ivanhoe, der seine Abenteuer in der Zeit der Konflikte zwischen Angelsachsen und Nor-

mannen und Geiselhaft des englischen Königs Richard Löwenherz in Österreich erlebt, während Richards Bruder Johann Ohneland mithilfe normannischer Ritter den Thron erringen möchte. Ein Gegenspieler Wilfreds ist der böse, ebenfalls vom Kreuzzug zurückgekehrte normannische Tempelritter Brian de Bois-Guilbert, den er bei einem Turnier schließlich besiegen kann. Auch eine Liebesgeschichte ist in die Handlung verwoben: Wilfred liebt die Jüdin Rebecca, Tochter des Geldverleihers Isaac, den er beschützt und von dem er Rüstung samt Pferd zur Turnierteilnahme erhalten hatte. Scott gelang es mit diesem Werk, die Sehnsucht seiner Zeitgenossen nach Darstellung von Mittelalter und Rittertum zu befriedigen und dieses zudem noch zu fördern.

Schier unübersichtlich ist die Zahl der künstlerischen Werke verschiedenster Gattungen (u.a. Roman, Oper, Hörspiel, Kino- und TV-Film), denen die Geschichte des Romans ‚Ivanhoe' zugrunde liegt. Besonders populär wurde die Umsetzung des ‚Ivanhoe' als Comic.

Wilhelm Hauff: ‚Lichtenstein' (1826)

Wilhelm Hauff (*29.11.1802 Stuttgart, † 18.11.1827 ebd.) gilt als ein Hauptrepräsentant der Schwäbischen Dichterschule der Romantik. Er wuchs in Stuttgart und ab 1809 in Tübingen auf und studierte 1820–24 Theologie an der Universität Tübingen (Promotion). Nach seiner Tätigkeit als Hauslehrer bei der Adelsfamilie v. Hügel 1824–26 reiste Hauff durch Teile Frankreichs und Norddeutschlands. 1827 wurde er Redakteur des ‚Cottaschen Morgenblattes für gebildete Stände' und heiratete seine Cousine Luise Hauff, doch starb er eine Woche nach der Geburt des gemeinsamen Kindes an Typhus.

Nachdem Hauff 1825 einige Novellen und seinen ersten Märchen-Almanach publiziert hatte, veröffentlichte er 1826 seinen Roman

→ Don Quijote, Buchillustration 1848

,Lichtenstein', mit dem er zu einem der Begründer des historischen Romans in Deutschland wurde. Hauff schuf darin mit dem jungen Ritter Georg aus dem Geschlecht der Herren v. Sturmfeder eine fiktive historische Nebenfigur, aus deren Sicht die Geschichte geschildert wird. Georg wechselt infolge seiner Liebe zu der herzogtreuen Adeligen Marie v. Lichtenstein die Seiten, vom Schwäbischen Bund zu den Unterstützern Herzog Ulrichs v. Württemberg, den Hauff romantisierend als aus seinem Lande Vertriebenen darstellt, dem sein Volk (historisch unzutreffend) – im Roman pars pro toto vertreten durch den „Pfeifer von Hardt" – zur Rückkehr ins Amt verhilft. Tatsächlich hatte der Herzog 1514 durch die von ihm veranlassten und im Volk als zu drückend empfundenen Steuern auf Fleisch, Früchte und Wein den unter dem Namen *Armer Konrad* bekannten Bauernaufstand verursacht, den der Truchsess v. Waldburg-Zeil niederschlug. Dieser Adelige führt nun die Truppen des Schwäbischen Bundes gegen den Herzog.

Hauff ist sein freier, idealisierender Umgang mit den historischen Personen durchaus bewusst; er spricht daher von einer „Sage". Das volkstümliche Element bietet die Tatsache, dass der Ritter Georg Sturmfeder im Laufe der Geschichte – aus Versehen für den Herzog gehalten – bei einem Überfall schwer verletzt wird und so mit der Frau und der Tochter des „Pfeifers von Hardt" in Kontakt kommt, die für das biedere, einfache, schwäbische Volk stehen (wörtliche Rede im schwäbischer Dialekt).

Herzog Wilhelm v. Urach aus einer Nebenlinie des regierenden Hauses Württemberg wurde durch Hauffs Roman inspiriert, zu Beginn der 1840er-Jahre die Ruine der Burg Alt-Lichtenstein mit dem umgebenden Gelände zu erwerben und eine neugotische Burg erbauen zu lassen.

Zu Hauffs Werk gehört auch die Erzählung ,Die letzten Ritter von Marienburg'.

Karl May: ,Ritter und Rebellen' (1876–77)

Selbst vielen Karl-May-Fans ist nicht bekannt, dass auch dieser Autor Rittergeschichten schrieb. Mays erster Roman ,Der beiden Quitzows letzte Fahrten' – er wurde von Siegfried Augustin im Jahrbuch der Karl-May-Gesellschaft 1991 als „Karl Mays literarisches Gesellenstück" bezeichnet – erschien von November 1876 bis Juni 1877 in der Zeitschrift ,Feierstunden am häuslichen Heerde' als Fortsetzung des von Friedrich Axmann verfassten Romans ,Fürst und Junker', doch wurde nur ein Teil des Romans von May geschrieben. Nach dem Ende seiner Tätigkeit als Redakteur im Verlag Münchmeyer schrieb sein Nachfolger Dr. Heinrich Goldmann die ausstehenden Lieferungen (http://karl-may-wiki.de/index.php/Der_beiden_Quitzows_letzte_Fahrten). Goldmann starb während dieser Arbeit, und ein bislang unbekannter Schriftsteller vollendete das Werk, das somit vier Autoren hat. Unter dem Titel ,Ritter und Rebellen' bearbeitete Franz Kandolf für den Karl-May-Verlag den Roman und teilte diesen in drei abgeschlossene Erzählungen (Gesammelten Werke, Bd. 69). Diese, im Spätmittelalter handelnd, ranken sich um die „Befriedung" der Mark Brandenburg durch den Nürnberger Burggrafen Friedrich v. Zollern, der in Auseinandersetzung mit seinem größten Gegner, dem „Raubritter" Dietrich v. Quitzow, steht. Die drei Erzählungen (,Suteminn, der Einsame', ,Der Falkenmeister', ,Wildwasser') spielen 1411/14, als Friedrich v. Zollern im Auftrag des Kaisers politische Wirren und alltägliche Unsicherheit in der Mark Brandenburg beenden soll, doch widersetzen sich ihm die alten Adelsfamilien v. Quitzow, v. Holtzendorff und Gans v. Putlitz. Als Quelle diente Karl May das Werk von Karl Friedrich v. Klöden: Die Mark Brandenburg unter Kaiser Karl IV. bis zu ihrem ersten Hohenzollern'schen Regenten, oder Die Quitzows und ihre Zeit, 1836/37 (s. Christoph F. Lorenz).

Noch bis weit ins 20. Jh. hinein entstanden Ritterromane in der Tradition der Romantik, so das Werk von Robert Allmers: ‚Kampf um Thurant – ein Roman aus dem 13. Jahrhundert' (Stuttgart 1931, Neuaufl. Varel 1972). Geheimrat Robert Allmers hatte 1911 die Burg Thurant über Alken/Mosel erworben und ließ sie 1915/16 in Teilen historistisch ausbauen. Auf dieser seiner Burg spielt die Handlung des Romans.

5.1.1.2 Rittersagen

Nicht nur in Ritterromanen wurden Ritter, Burgen und das Mittelalter thematisiert, wobei das Rheinland einen Schwerpunkt bildete. Schon früh begann infolge der Romantik das Aufzeichnen und Sammeln rheinischer Sagen. Auch in anderen Regionen sammelten und edierten Gelehrte während der Epoche der Romantik deutsche Sagen, wie z.B. die Gebrüder Grimm in Hessen.

Von den in der Bevölkerung überlieferten Volkssagen unterscheiden sich – gerade im Rheinland – die literarischen und historischen Sagen, die im Kontext der romantischen Rittergeschichten des späten 18./19. Jh. zu interpretieren sind, wie die Geschichte ‚Das Schloß im See', die von einem tiefen See bei Andernach berichtet (Geib, Sagen) und auf einem Gedicht von Friedrich Schlegel beruht.

Bezeichnend für viele Rheinsagen ist der Bezug auf „die Ritterzeit" in Verbindung mit einem Liebesmotiv und Elementen der Schauerromantik; so gibt es kaum eine Burg im Mittelrheintal, an die nicht eine solche „Sage" geknüpft wurde: „Die Rheinsage war [...] nicht nur ein Kind der Rheinromantik, sondern auch eine uneheliche Tochter der Ritterromane" (Klaus Graf). Auf diese Weise wurde ein populäres, jedoch unrealistisches Mittelalterbild geschaffen, um dessen Widerlegung sich die Wissenschaft noch heute be-

mühen muss. Dies wird besonders deutlich am Bild der angeblichen „Raubritter", deren „Raubschlösser" am Mittelrhein auf Grundlage des vom König bzw. Kaiser verfügten Landfriedens zerstört wurden. Letztlich ist aber dieses Bild vom „Raubritter" eine literarische Schöpfung der Ritterromane und Kunstsagen, denn: „Damals blickte man mit Schauder auf die Zeiten des sogenannten Faustrechts zurück, als adelige Wüstlinge das Bürgertum schikanierten" (ebd.).

5.1.2 Die preußische Burgenpolitik und -romantik (ab 1815) und ihre Nachfolge

Um 1800 gab es im Mittelrheingebiet zwischen Bingen und Bonn drei unzerstörte Burgen: Boppard, Pfalzgrafenstein auf einer Insel bei Kaub und die Marksburg über Braubach; alle übrigen waren Ruinen. Heute gibt es nur noch zwei „Total-Ruinen": Ehrenfels bei Rüdesheim und Fürstenberg bei Rheindiebach; alle anderen wurden im 19./frühen 20. Jh. neu aufgebaut – nicht „wiederaufgebaut", wie es oft zu lesen ist, und schon gar nicht „rekonstruiert". Es handelte sich bei diesen Neuaufbauten durchweg um Neuschöpfungen im Sinne des Historismus oder Heimatschutzes. Großen Anteil an diesen Neuaufbauten hatte das preußische Königshaus, und viele entstanden in Nachfolge der preußischen Burgenromantik bzw. -politik. Doch was waren die Ursachen für das plötzlich erwachte Interesse an Burgen, Rittern und Mittelalter am Rhein?

Im 17. Jh. – insbesondere 1688/89 – hatten Truppen des französischen Königs Ludwig XIV. im Rheinland, das der König für Frankreich erobern lassen wollte, zahlreiche Burgen, Dörfer und Städte systematisch zerstört, und im Rahmen der Rheinlandbesetzung infolge der Französischen Revolution kam es um

1800 zu erneuten Zerstörungen und Abbrüchen von Burgen, Schlössern und Klöstern. Die Intentionen der Franzosen gingen dabei immer über eine Zerstörung militärisch ohnehin nur noch sehr eingeschränkt nutzbarer „Wehrbauten" hinaus, vielmehr sollten Herrschaftssymbole im Landschaftsbild eliminiert werden. So kam es, dass Burgruinen im 18./frühen 19. Jh. von der ansässigen Bevölkerung zur Gewinnung von Baumaterial ausgeschlachtet wurden. Aus „Ritterburgen" waren Steinbrüche geworden.

Gegen Ende des 18. Jh. und im 19. Jh. fanden Burgruinen infolge der Romantik das Interesse einer breiteren Öffentlichkeit. Romantiker sahen in Burgen Sehnsuchtsorte und Symbole der Freiheit; sie suchten häufig Burgruinen auf. Schon längere Zeit zuvor und noch lange danach thematisierten reisende Künstler und Gelehrte schwärmerisch Burgen und Ritter am Rhein.

Nach dem Ende der Befreiungskriege gegen Frankreich kam das befreite Mittelrheingebiet 1815 an Preußen, und 1829/30 entstand die preußische *Rheinprovinz* (*Rhein-Preußen*). Doch auch in den folgenden Jahrzehnten schielte man aus Frankreich begehrlich zum Rhein. 1840 schrieb Nikolaus Becker im Kontext der Auseinandersetzungen um den Besitz der linksrheinischen Gebiete sein Lied ‚Sie sollen ihn nicht haben, den freien deutschen Rhein‘, und 1842 erschien Victor Hugos Buch über seine Rheinreise, das den Anspruch Frankreichs auf den Rhein bekräftigte und in der französischen Öffentlichkeit große Wirkung zeigte. Gegen französische Gebietsansprüche setzte Preußen die Idee von der Zugehörigkeit des Rheinlandes zum erstrebten Deutschen Reich, doch war die politische und kulturelle Integration in den Staat Preußen schwierig: In Teilen des Rheinlandes existierte ein dem Adel gegenüber selbstbewusstes, durch Handel und Industrie erstarktes Großbürgertum.

Der durch Preußen fertiggestellte Bau des im Mittelalter unvollendeten gotischen Kölner Domes (1842–80) war ein Symbol preußischer Politik im Rheinland. Die herrschaftliche Durchdringung seiner *Rheinprovinz* erzielte Preußen jedoch v.a. durch mittelalterliche Burgen: Innerhalb von ca. 25 Jahren nach Erwerb des Mittelrheingebietes erwarben der Kronprinz (seit 1840 König Friedrich Wilhelm IV.) und weitere Mitglieder des Königshauses rheinische Burgen.

Da 1688/89 die meisten Burgen am Mittelrhein von Truppen Frankreichs zerstört worden waren, zeigte man sich im 19. Jh. unter Verweis auf die französischen Zerstörungen mit Erwerb und Ausbau einer Burgruine demonstrativ national. Im Kontext der rheinischen Kulturpolitik Preußens wurden Burgen-"Wiederherstellungen" betrieben. Initialbauten waren die Burgen Rheinstein (1825–29), Stolzenfels (1836–42) und Sooneck (ab 1842) am Mittelrhein. Diese Neuaufbauten waren keine Rekonstruktionen mittelalterlicher Burgen, sondern Neuschöpfungen im Sinne der Neugotik unter weitgehender Einbeziehung mittelalterlicher Bausubstanz. Nachdem die Bauarbeiten auf Stolzenfels abgeschlossen waren, konnte König Friedrich Wilhelm IV. am 14.9.1842 mit großem Gefolge „in altdeutscher Tracht" – heute würde man sagen: „mittelalterlich gewandet" – seinen Einzug auf der Burg halten (Bornheim gen. Schilling 1980, 12). „Der Neubau des 19. Jahrhunderts sollte als **Wiederherstellung einer ‚Ritterburg'** ausdrücklich allen mittelalterlichen Bestand wahren; so wollte es der Bauherr" (ebd.). 1842 beschlossen der König und seine Brüder dann den Ausbau der Burg Sooneck. „Die vier Bauherren von Sooneck wollten sich auf der Burg zur Jagd im Soonwald treffen [...]. Allein und nur mit der notwendigsten Dienerschaft wollten sie auf der Burg wohnen und ritterlich-männlichen Vergnügen nachgehen"

(Rathke 1977, 8). Die Weisung lautete: „Alles sehr einfach im Sinne einer königlichen Jagdburg" (ebd.).

So begann um 1825 im Rheinland die Preußische Burgenromantik. Sie gab Impulse zu vielen Ausbauten von Burgruinen und zur Mittelalterrezeption im Mittelrheingebiet und darüber hinaus. Später entstanden zudem viele Neubauten im „Gewand" mittelalterlicher Burgen.

Im Rheinland folgten Bürgerliche und ließen von Frankreich zerstörte Burgen neu aufbauen; in anderen Regionen kam es bald zu weiteren Ausbauten, zunehmend auch für bürgerliche Bauherren. Neu erbaute Villen in historischen Stilformen bildeten jedoch den größten Teil „bürgerlicher Burgen". Sie entsprachen als malerische Bauten mit Zinnen, Türmen, Erkern etc. zeitgenössischen Klischees von „der" mittelalterlichen Burg und sollten ihre Besitzer bzw. Bewohner aufwerten und optisch „nobilitieren". Zwar waren diese ideell-ideologisch durchaus gesellschaftlich akzeptiert, doch gab es vereinzelt Kritiker und Lästerer: „Ob sich [...] **Börsenritter auf hochlehnigen Sesseln** dehnen und die Telephonglocke in dem lauschigen Butzenscheiben-Erker tönt, um den neuesten Kursstand zu melden, thut der Stilechtheit keinen Abbruch. Die Kunst ist eben Mode", monierte H. Schliepmann (1891, 13).

Doch nicht nur Villen und sonstige Wohnbauten tradierten im Sinne ihrer Entstehungszeit das Erscheinungsbild der „mittelalterlichen Ritterburg"; burgartige Gestaltungen erfuhren auch zahlreiche Hotels und Gaststätten, Bildungsbauten (u.a. Schulen, Theater), Sozialbauten (u.a. Gefängnisse), Industrie- und Zweckbauten sowie Verkehrsbauten (u.a. Bahnhöfe, Tunnelportale, Brücken) des 19./frühen 20. Jh.

Im Kontext der Infragestellung des Gottesgnadentums der adeligen Staatsgewalt durch die Aufklärung war die Frage nach der ungleichen Besitzverteilung neu gestellt worden. Mit der Französischen Revolution und der Errichtung der ersten Republik in Frankreich beschleunigte sich der Prozess der Entmachtung des Adels und das Nachrücken des „Dritten Standes" in zuvor dem Adel vorbehaltene Positionen nachhaltig. In Nachahmung des Adels, der nach den Ereignissen der Revolution durch restaurative Maßnahmen seine Stellung u.a. durch den Bau von Burgen und Schlössern seine Traditionen augenfällig zu festigen suchte, begannen nun auch zunehmend Bürgerliche, ihren neuen Rang in der Gesellschaft durch entsprechende Bauten zu demonstrieren. Das neue bürgerliche Bewusstsein zielte dahin, selbst Herrschaft auszuüben. Man „glaubte, dies um so besser zu können, je auffälliger [...] die gesellschaftlichen Formen der bisherigen Herrscher" kopiert wurden (Ley 1981, 27). Bis zum Ende der Monarchie konnte die Aristokratie „ihre Vorrangstellung im großen und ganzen behaupten. Ihr Lebensstil wurde daher für die nobilitierten (oder auf ihre Nobilitierung hoffenden) Aufsteiger ebenso maßgeblich wie für breite Kreise innerhalb des Bürgertums. Besonders die kapitalkräftige, von der ‚ersten Gesellschaft' aber weitgehend ignorierte Hochfinanz trachtete die Lebenshaltung des Adels zu imitieren und an Aufwand zu übertrumpfen" (Stekl 1974, 187 f.). Krönung des bürgerlichen Aufstiegs blieb die Erhebung in den erblichen Adelsstand.

Auffällig ist die Absicht, „eine verehrungsvolle Wunschverbindung zu den Herrscherfamilien" herzustellen (Ley 1981, 192, A. 38). In zahllosen bürgerlichen Villen hingen Bilder des Regenten und/oder historischer Herrscher. Besonders deutlich wird dies bei Neuaufbauten von Burgen im 19. Jh.: So wurde das Schloss Sinzig beim Neuaufbau ab 1854 durch den Unternehmer Gustav Bunge quasi zum

„Barbarossaschloss" mit entsprechendem Bildprogramm, und im Treppenhaus der in den 1880er-Jahren als Burg-Villa errichteten Drachenburg bei Königswinter am Rhein – der Name bezieht sich auf die legendäre Überlieferung des Ortes am Fuße der Burg Drachenfels – ließ sich der kurz zuvor in den Adelsstand erhobene Burgherr in einer Rüstung innerhalb eines historischen Geschehens darstellen. „In Festen und Porträtdarstellungen treten die Burg- und Schloßherren häufig als mittelalterliche Ritter auf und geben sich damit als die eigentlichen Akteure der von ihnen geschaffenen Szenerien zu erkennen" (Kitlitschka 1974, 50).

Die Burg-/Schlossbauherrenschicht der Jahre bis etwa 1871 bestand einerseits aus dem Adel, abgesunken „von einer feudalen Herrenschicht zu einem bloß privilegierten Staatsstand" (Stekl 1974, 187) und andererseits aus dem unternehmerischen Großbürgertum. „Die zunehmende Verschärfung der Klassengegensätze schloß Adel und industrielles Großbürgertum zusammen, die ihren Besitz und die überkommenen Werte bedroht sahen" (Leyendecker 1979, 85). Der Adel hatte nach den Ereignissen der Französischen Revolution noch versucht, durch verstärktes Anknüpfen an mittelalterliche Traditionen und die Beschäftigung mit den „ruhmreichen Ahnen", sich von bürgerlichen Emporkömmlingen abzugrenzen (Ley 1981, 28). Aber auch dieses Traditionsrepertoire des Adels wurde bald von bürgerlichen Familien okkupiert. So wurde z.B. dem bürgerlichen Burgherrn der Burg Klopp in Bingen am Rhein das Recht zugestanden, das Wappen des ehemaligen ritterlichen Burgbesitzers weiterzuführen. Der Adel konnte zwar noch seine landständische Mitverwaltung bewahren, doch befanden sich schon 1829 ungefähr 1/3 der 414 landtagsfähigen Rittergüter in bürgerlichem Besitz (Kracht o.J., 11). Die Entwicklung des alten Adels zu einem Titularadel verstärkte sich

zum Ende des 19. Jh. Während ehemalige rechtliche Privilegien weiter schwanden, blieb nur das Adelsprädikat, dessen Wert jedoch durch eine zunehmend große Flut von Erhebungen in den Adelsstand sank. Übrig blieb eine Aristokratie, die keine Herrschaft mehr ausübte, sondern nur noch durch ihren materiellen Besitz, meist Grundbesitz, privilegiert war.

5.2 Rezeption des Rittertums im 20. und 21. Jh.

5.2.1 „Ritter der Lüfte" im 1. Weltkrieg (1914–18)

Mit der zunehmenden Technisierung und „Industrialisierung" der Kriege seit der 2. Hälfte des 19. Jh. verlor der Begriff der „Ritterlichkeit" auf den Schlachtfeldern weiter an Bedeutung, wenn auch die Jagdflieger der Luftwaffen im früheren 20. Jh. diesen teils noch für sich beanspruchten. Ein Begriff, der aus den Anfängen der militärischen Fliegerei im 1. Weltkrieg stammt, ist „Ritter der Lüfte". So stilisierten sich die frühen Jagdflieger – und mit ihnen die Kriegspropaganda – als aufrechte Kämpfer, „Mann gegen Mann", die ihrem Feind fair und „ritterlich" begegneten, d.h. bei einem möglichen Ausfall der gegnerischen Bordwaffen auf eine Fortsetzung des Kampfes verzichteten. Fast zu einer Legende wurde so ein Luftkampf im Juni 1917 zwischen dem deutschen „Flieger-Ass" Ernst Udet und seinem ebenbürtigen französischen Kontrahenten Georges Guynemer: So berichtete Udet, Guynemer habe ihn nach einem erbitterten Luftkampf nicht abgeschossen, als er feststellte, dass Udets MG eine Ladehemmung hatte. Guynemer sei, so Udet, auf ihn zugeflogen, habe ihn gegrüßt und sich daraufhin in den Luftraum der Alliierten zurückgezogen. Von Georges Guynemer ist kein Bericht über diesen Luftkampf bekannt, und es waren wohl hauptsächlich spätere Filme und Schriften, die dieses Idealbild von den „Rittern der Lüfte" im 1. Weltkrieg festschrieben.

In diesem Kontext ist es interessant, dass das internationale Kürzel (IATA-Code) der 1973 auf Beschluss des Parlamentes der Repubblica ta'Malta gegründeten maltesischen Fluggesellschaft Air Malta „KM" lautet: „Knights of Malta", d.h. „Ritter von Malta". Der aus sechs Inseln bestehende maltesische Archipel war 1530–1798 das Staatsgebiet des im 11. Jh. gegründeten Johanniter-/Malteser-Ritterordens (zu diesem Ritterorden s. Kap. 2.4.1.1). Signet der Fluggesellschaft ist das achtspitzige Ordenskreuz der Johanniter/Malteser.

5.2.2 „Ordensjunker" als „Ritter" der NS-Zeit (1933–45)

Auch in der Zeit des Nationalsozialismus gab es legitimatorische Rückbezüge auf „das Mittelalter" und die „Ritterzeit". Besonders deutlich wurden diese im Bauprogramm für die sog. Ordensburgen, die als Elite-Schulungsstätten des Systems errichtet wurden. Zwischen 1934/36 begann der Bau dieser als NS-Ordens- oder Schulungsburgen errichteten drei Ausbildungsstätten für potenzielles Führungspersonal des NS-Systems, deren Planung in den Händen des „Reichsorganisationsleiters" Robert Ley, des „Führers" der „Deutschen Arbeitsfront", lag. Mit diesen drei neu erbauten „Burgen" – Crössinsee/Pommern, Sonthofen/Allgäu und Vogelsang/Eifel – sollten Ausbildungsstätten entstehen, in denen Parteikader zu künftigen „Fackelträgern der Nation" ausgebildet werden (s. vogelsang ip gemeinnützige GmbH 2010). Mit Ausnahme von Vogelsang mit burgartiger Fernwirkung

und beherrschendem Turm übernahmen sie kaum Formen und Erscheinungsbilder mittelalterlicher Burgen. Es wurde auf die assoziative Wirkung der Bauform Burg rekurriert, der fälschlich ein „germanischer Ursprung" unterstellt wurde. Die Bauplätze der „Ordensburgen" waren sorgfältig ausgewählt. So war Vogelsang – geplant als Ausbildungsstätte für 800 „Ordensjunker", vorgesehen als künftige Führungskräfte des Staates – als „Landskrone" an der Westgrenze des Reiches angelegt. 1936 begannen die Ausbildungsgänge auf Burg Vogelsang, doch wurde kein Lehrgang im geplanten Sinne vollendet.

Obwohl das Ausbildungskonzept der „Ordensjunker" noch nicht komplett entwickelt war und infolge des Kriegsausbruchs offenbar auch nicht vollständig entwickelt wurde (es fehlte ein fest umrissener Lehrplan), ist bekannt, dass die Schüler – zuvor in der NSDAP bewährt und bei ihrem Eintritt in die Bildungsanstalt zwischen 25 und 30 Jahre alt – eine dreijährige (später viereinhalbjährige) Ausbildung durchlaufen sollten, wobei jeweils ein Jahr auf einer der „Ordensburgen" verbracht werden sollte: auf Burg Vogelsang „Rassische Philosophie der neuen Ordnung" (d.h. NS-Rassenideologie), auf Crössinsee „charakterliche Bildung" und auf Sonthofen Verwaltungs- und Militäraufgaben sowie Diplomatie. Wichtig war auch Sport für die Schüler, die zum Partei-/Verwaltungsführer ausgebildet wurden.

Als der Krieg begann, mussten zahlreich „Ordensjunker" an die Front; etwa zwei Drittel von ihnen kehrten nach bisheriger Kenntnis nicht zurück. Noch immer fehlt jedoch eine umfassende Untersuchung über deren spezielle Einsatzgebiete. Einige waren in der deutschen Zivilverwaltung in eroberten Gebiete der Ukraine eingesetzt, doch war infolge des Kriegsausbruchs die Erziehung dieser jungen Männer im Sinne des Systems noch nicht so weit abgeschlossen, dass tatsächlich die meis-

ten hätten Führungsaufgaben übernehmen
können. Manche waren nach Forschungen von
Franz Albert Heinen (2011) in Osteuropa maßgeblich an NS-Verbrechen beteiligt, jedoch nur
in Einzelfällen, nicht in der Masse der Absol-
venten (s. Arntz 2007).

In der Propaganda des NS-Regimes gab es
druckgrafische Darstellungen der Burg Vogelsang, vor deren Silhouette ein SS-Mann und
ein Ritter in spätmittelalterlicher Rüstung ne-
beneinander zu Pferde zu sehen sind, d.h., hier
wird eine Gleichwertigkeit zwischen Ritter
und „Ordensjunker" suggeriert.

5.2.3 Das Ritterbild in der Gegenwart

Vom Ende des 18. Jh. bis in unsere Gegenwart
reicht die mit der Mittelalter-, Burgen- und
Ritterrezeption verbundene Faszination weiter Kreise der Bevölkerung für diesen The-
menkomplex, wobei das Spannungsfeld von
Romantisierung über Idealisierung, Verkit-
schung und Verteufelung bis hin zum Interesse an realistischen Mittelalterbildern reicht.
In Opern, Kino- und Fernseh-Filmen, Pop-
und Rock-Musik sowie insbesondere im
(Heavy) Metal und in der Gothic-Szene, zudem

↑ Ritter in spätmittelalterlicher Rüstung und SS-Mann zu Pferde vor der Kulisse der NS-„Ordensburg" Vogelsang/Eifel (NRW),
zeitgenössische Propaganda-Darstellung

auf den gleichermaßen beliebten, wie von wirklich am Mittelalter Interessierten eher verachteten „Mittelaltermärkten" oder „Rittermahlen" in zahlreichen Burgen und Schlössern (aber auch in normalen Gasthäusern) begegnen wir Rittern in unserem Alltag. Hinzu kommen viele Historienromane sowie eine Schwemme von sog. Historienromanen, von denen die meisten diese Bezeichnung nicht eigentlich verdienen, da Klischees und Fantasie prägend sind, von Comics und Computer-"Games", mit deren Hilfe sich unbedarfte Zeitgenossen in ein Pseudomittelalter hineinfantasieren, das eher mit dem Begriff „Fantasy" zu fassen ist.

Allerdings gibt es sei einigen Jahren mehrere populärwissenschaftliche Magazine (z.B. ‚Miroque', ‚Zillo Medieval', ‚Karfunkel'), in denen teils ausgewiesene Fachleute, darunter sogar einige Professoren, allgemeinverständliche Abhandlungen zu historischen Themen bieten, wobei Mittelalter und Ritter die Leserschaft meist besonders interessieren. Im Netz hingegen halten sich nach wie vor zahlreiche Klischees, Pseudomythen, pseudowissenschaftliche Behauptungen und Fehldarstellungen zu Mittelalter-, Burgen- und Ritterthemen, und selbst wenn Fachliteratur im angehängten Literaturverzeichnis aufgeführt wird, bedeutet dies nicht, dass der/die jeweilige Autor/-in diese auch gelesen hat, wie der Verfasser dieser Zeilen aus eigener leidvoller Erfahrung weiß. Und auch manche Mittelalter- und Ritterdokumentation im TV verdient diese Bezeichnung nicht wirklich! Da werden häufig Rüstungsteile des Hoch- und Spätmittelalters frei miteinander kombiniert, Personen des Frühmittelalters agieren in Burgen, die im Spätmittelalter bzw. zu Beginn der Frühen Neuzeit zu Festungen ausgebaut wurden – Ritter des 12. Jh. reiten an einem für den Geschützkampf errichteten Rondell der Zeit um 1500 vorüber etc. Theatralisch überhöhte oder primitiv-lächerliche Kampfesweisen z.B. mit falsch eingesetzten Schwertern werden statt realistischer Darstellungen gezeigt. Und aus diesen Darstellungen zieht ein großer Teil unserer Bevölkerung seine angeblichen „Kenntnisse" vom Mittelalter.

Wie unsäglich die Vorstellungen vom Mittelalter bei vielen unserer Zeitgenossen sind, zeigen viele unsägliche – ich betone ausdrücklich; nicht alle – „Mittelaltermärkte", „Rittermahle" etc., wie im nächsten Kapitel zu zeigen sein wird.

Immerhin, dies sei zum Abschluss dieses Kapitels angemerkt, gibt es auch Reenactment-Gruppen, deren Anliegen es ist, ein authentisches Bild von jeweils bestimmten Epochen des Mittelalters zu präsentieren. Ein positives Beispiel war im Juli 2014 in Schaffhausen

Ritter im Film

Auch in vielen Filmen spielt der Ritter eine wichtige Rolle, wie z.B. der Film ‚Die Nibelungen' (1924) von Fritz Lang († 1976) zeigt. Auch die Verfilmung von Walter Scotts ‚Ivanhoe' von 1952 durch den Regisseur Richard Thorpe, mit Robert († 1969) und Elizabeth Taylor († 2011) ist hierzuzuzählen. Der wohl bekannteste Ritterfilm dürfte aber die Parodie von Monty Python ‚Die Ritter der Kokosnuss' sein, der aus dem Jahr 1974 stammt. Die aus skurrilen Sketchen bestehende Suche Königs Artus nach Rittern für die Tafelrunde ging in die Filmgeschichte ein. Hollywood griff dieses Themenfeld gleich mehrfach auf. Beispiele hierfür sind ‚Königreich der Himmel' (2005), ‚Ritter aus Leidenschaft' (2001) oder ‚Der erste Ritter' (1995), die allesamt Millionen ins Kino lockten und Riesensummen einspielten. Nicht zu vergessen sei die Robin-Hood-Thematik, die eng mit der Ritterthematik verbunden ist und anscheinend jede Dekade neu verfilmt wird.

Somit gelangen wir auch in der heutigen Zeit immer wieder in Berührung mit dem Rittertum – mehr oder weniger realistisch.

(Schweiz) zu betrachten: Im Kontext der bemerkenswerten Ausstellung „Ritterturnier – Festkultur in Mittelalter und Renaissance" (10.4.–21.9.), die das Museum zu Allerheiligen Schaffhausen veranstaltete, wurde ein spätmittelalterliches Turnier „in höchstmöglicher Authentizität" präsentiert, dargeboten auf der Basis wissenschaftlicher Recherche von britischen Fachleuten. Ein weiterer Höhepunkt war das Heerlager der „Company of Saynt George", die zudem historisches Handwerk authentisch vorführte.

Aber auch andere Gruppen befassen sich mit rekonstruktiven Darstellung mittelalterlichen Lebens und ritterlicher Kampfkunst.

5.2.3.1 „Mittelaltermärkte", „Rittermahle" und ähnlich fantasievolle „Kurtzweyl"

Viele „historische" und „Mittelaltermärkte" werden nicht etwa mit Bildern von Handwerkern oder Händlern beworben, sondern mit Darstellungen von Rittern. So war ein „Historischer Handwerker- und Waren-Markt 2010 auf Schloss Wellenberg bei Frauenfeld" (Schweiz) beworben mit einem Ritter zu Pferde vor dem Schloss (Seehas-Magazin, 04-05/2010, 22). In einer Zeitung hieß es gar: „Wenn sich Kreuzritter, Handelsleute und Gaukler treffen" (ebd.).

Die als „Mittelalterlicher Markt" für 1.-2.5.2010 ausgeschriebene Veranstaltung am Herzenbad in Radolfzell/Bodensee warb mit dem Foto eines Akteurs in der Rüstung eines spätmittelalterlichen Ritters. Zum Programm gehörten ein „Großes Ritterlager – Schwertkämpfe und Säbelrasseln, Gaukeley, Musici und altes Handwerk soll Euch ein Spectaculum sein, das Ihr und Eure Kindelein nimmer vergessen möget" (ebd.). Zu der von der Organisation „Kramer Zunft und Kurtzweyl" organisierten Veranstaltung hieß es vorab: „Fanfa-

rensignale erschallen über den Platz und das Klirren von Schwertern ist weithin zu hören. Zahlreiche Lagerstätten und Zelte bieten [...] Einblicke in das Ritterleben und manch ein Kampf mit Blankwaffen wird gezeigt. Zahlreich Rittergruppen stellen sich vor [...] die mit Bogen und Schwert zu kämpfen wissen. [...] Fraternitas Nigra – die schwarze Bruderschaft, Reisende in dunklen Zeiten – Bayrische Anhänger der schwedischen Waräger, Die Wächter des Nordens, Der Sachsenkrieger aus Stockach, der Fabianus-Orden aus Weinheim, Equitatus Montis Angelus – die Ritter vom Engelberg" etc. – Fantasie und Versuche authentischer Darstellung liegen hier dicht beieinander. „Immer wieder zeigen die wackeren Manns- und Weibsbilder, wie mit dem Schwerte umzugehen sei und was denen wohl blühen mag, die trunken vom süßlichen Met nicht nur mit dem Maule streiten, sondern die Fäuste fliegen lassen. Ob jung oder alt, wer möchte, kann sich ein Kettenhemd anlegen und selbst einmal zum Ritter werden" (ebd.).

Selbst Seniorenheime veranstalten inzwischen „Ritterfeste", so das *Servicehaus Sonnenhalde* in Singen (Hohentwiel) am 17.9.2011. In der Einladung wird das Heim zur „Burg zur Sonnenhalde": „Zum Rittermahl kleidet Euch in ein einfaches Gewand. Es wird ein Feuer gebrannt und gereicht werden Spareribs, Eisbeine von der Sau, Schlegel vom Federvieh, Kartoffeln [!], Brot, Met und Bier. Auf gute Unterhaltung bei Minnesängern, Feuerspielen und mittelalterlichen Marktschreiern. So kommet und labet euch bei Speis, Trank und freuet Euch am Rittermahl" (Wochenblatt Singen, 14.9.2011, 38, Anzeige). „Im Rahmen der Veranstaltung findet sowohl ein ritterliches Büchsenwerfturnier als auch ein Bouleturnier und Pferderennen statt" (ebd., 7.9.2011, 3).

Es sind nicht zuletzt solche Veranstaltungen, die das Bild vom Mittelalter und von Rittern in unserer Öffentlichkeit prägen und

zu teils absurden Veranstaltungen des Typus „Rittermahl" bzw. „-schmaus" führen, auf denen Teilnehmer/-innen bei „allerley Kurtzweyl" und „Gaukeley" von „holden Maiden", „wackeren Recken", dem „Ritterhauptmann" und „Narren" bespaßt, bei zu viel „Speis" – fast immer gehören „Erdäpfel" dazu, obwohl Kartoffeln im Mittelalter in Mitteleuropa noch nicht bekannt waren – und insbesondere „Trank". Dabei gilt Met offenbar als „das" mittelalterliche Getränk. Manch mittelalterliche Burg wird auf diese Weise von lustig papierlatzbehängten, zu Familienfeiern, Betriebsausflügen etc. gehörigen Gestalten „belebt", deren primäres Interesse es ist, einmal – mit Verlaub – „die Sau rauszulassen"! Nicht nur Burgen und Schlösser dienen als Rahmen solcher Events, die mit Mittelalter und Rittern nichts gemein haben. Auch manches ansonsten solide Gasthaus bietet solcherlei Unterhaltung, wie ein Beispiel aus Norddeutschland zeigt (der Name des Gasthauses wird hier nicht genannt, weil es unfair wäre, ein Gasthaus pars pro toto bloßzustellen, wo es doch Hunderte andere ähnlich handhaben). Beworben wird ein „Ritterschmaus" mit einem Handzettel, der folgenden Text trägt: *„Das waren noch Zeiten, als die Edelleute schmatzend um den Tisch herum saßen und mit Fingern und einem Dolche aßen! Wollt Ihr ein solches Gelage erleben? So lasset Euch in die geheimnisvolle Welt der alten Raubritter entführen und Euch bei einem Mahl [...] vom Ritterhauptmann und seinen Mägden und Knechten herzlich willkommen heißen! Den hohen Herren und den holdlieblichen Edelfrauen wird ein üppiges Mahl mit reichlich Gesöff kredenzt und der Ritterhauptmann persönlich sorgt für allerlei Kurzweil mit seinen Gaukeleien. [...]"*
Die Betreiber des Restaurants in Schloss Laufen am Rheinfall (Schweiz) laden zum „Ritterbrunch" mit Prosecco, Kaffee, Tee, diversen kulinarischen Köstlichkeiten moderner Küche und bieten zum Dessert u.a. „Glace", so

ein Handzettel des Restaurants 2013. Hier wird gar nicht mehr der Versuch unternommen, eine assoziative Annäherung an „mittelalterlich-ritterliches Essen" zu schaffen, sondern ein gehobenes Restaurant nutzt den Begriff „Ritter" als aufwertendes Etikett für ein gediegenes Brunch.

5.2.3.2 Ritter und höfisches Leben im heutigen Alltag und im heutigen Sprachgebrauch

Der positiv besetzte Begriff **„Ritterlichkeit"**, mit dem ein ethisch vorbildliches, höfliches, rücksichtsvolles, hilfsbereites Verhalten im Alltag noch vor wenigen Jahrzehnten bezeichnet wurde, gehört heute kaum noch zum alltäglichen Sprachgebrauch, wenn er auch in einzelnen Szenen und Subkulturen unserer Gesellschaft (z.B. Heavy Metal, s.u.) vereinzelt noch eine Rolle spielt. Auch Teile der Pfadfinderschaft sehen in der „Ritterlichkeit" noch ein erstrebenswertes Ziel bzw. Vorbild. Erinnert sei an eine Aussage von Robert Stephenson Smyth Baden-Powell, 1. Baron Baden-Powell (1857–1941) – der britische Kavallerie-Offizier war der Gründer der Pfadfinderbewegung: In seinem Buch ‚Scouting for Boys' (1908) fordert er, **Pfadfinder** sollten dahin streben, die „Ritter der Neuzeit" zu werden (vgl. das auf Baden-Powell zurückgehende Pfadfindergesetz, das mehrfach modifiziert wurde). Das Pfadfindergesetz der Deutschen Pfadfinderschaft St. Georg in der Fassung von 1930 (gültig bis 1949) fordert im 5. Artikel: „Der Pfadfinder ist höflich und ritterlich". Und die deutsche Jugendbewegung fand ihre Heimstätten seit dem frühen 20. Jh. vielerorts in sog. Jugendburgen, zu Jugendherbergen ausgebauten Burgen.
Um 1900 hatte sich die **Jugendbewegung** in Deutschland formiert, die sich gegen die aus ihrer Sicht „erstarrte" bürgerliche Gesell-

schaft der Wilhelminischen Zeit wandte. Sie formulierte Gesellschaftskritik und postulierte neue Formen der Lebensgestaltung, u.a. geprägt durch Naturverbundenheit. Jugendbünde wie *Wandervogel* (1901) und *Freideutsche Jugend* (1913) förderten das Wandern, und es entstanden Jugendherbergen. Nachdem 1909 die erste deutsche Jugendherberge in der Burg Altena (NRW) eingerichtet worden und damit die wohl erste Jugendburg weltweit entstanden war, folgten in den nächsten 25 Jahren Ausbauten zahlreicher weiterer Burgen zu Jugendburgen.

Der 1919 in der Burgruine Freudenkoppe über Neroth/Eifel gegründete *Nerother Wandervogel* sah seine „erste Aufgabe" im „Bau einer Jugendburg als Zentrum für den Rheinischen Wandervogel". Nach dem ersten Wandervogeltreffen auf Burg Waldeck/Hunsrück 1911 wurde diese im März 1920 zur *Rheinischen Jugendburg* bestimmt und im Mai der „Bund zur Errichtung der Rheinischen Jugendburg e.V." gegründet. 1921 stieß der *Nerother Wandervogel* als „Jungenbund" dazu. Am selben Tag war auf Burg Drachenfels/Pfalz der „Nerother Wandervogel Deutscher Ritterbund e.V." gegründet worden. Der Bezug der Jugendbewegung zu Burgen und Rittern im Sinne einer idealisierenden Wunschverbindung wird daraus deutlich.

1935 musste *Bundesführer* Robert Oelbermann den Bund zur Errichtung der Rheinischen Jugendburg e.V. auflösen; 1936 wurde er auf Initiative der Hitler-Jugend verhaftet, und 1941 starb er im KZ Dachau. Die Jugendbewegung war durch den Nationalsozialismus teils aus-, teils gleichgeschaltet worden. Die Jugendburg-Idee wurde in der NS-Zeit (1933–45) aufgegriffen und im Sinne des nationalsozialistischen Systems umgedeutet. Sie lebte letztlich in den SS-Ordensburgen fort, in denen „Ordensjunker" zu künftigen Elite des Systems ausgebildet werden sollten (s. Kap. 5.2.2).

Aber nicht nur Pfadfinder nahmen die Begriffe „Ritter" und „Ritterlichkeit" für sich in Anspruch. Er wurde und wird oft von Gruppen verwendet, die auf Zusammenhalt, Hilfsbereitschaft und eine im weitesten Sinne „verschworene Gemeinschaft" Wert legen, etwa Motorad-Clubs (z.B. die Road Knights auf der einst vom Johanniter-Ritterorden beherrschten Insel Rhódos in Griechenland) oder Fan-Clubs von (Heavy-)Metal-Bands (s. Kap. 5.2.3.3).

Im heutigen Sprachgebrauch finden sich noch immer viele Hinweise auf bzw. Relikte aus dem Mittelalter und der Ritterzeit. Hierfür einige Beispiele (nach Avenarius 1996):

Redewendungen
- Den Steigbügel halten.
- Die Spitze bieten.
- Die Stange halten.
- Die Tafel aufheben.
- Eine Lanze (für jemanden) brechen > für jemanden eintreten (im Turnier die Rechte für jemanden verteidigen).
- Entrüstet sein.
- Im Schilde führen.
- Im Stich lassen > jemandem keine Hilfe zuteilwerden lassen (einem vom Pferd gefallenen Kämpfer nicht helfen, der somit den tödlichen Stichen der Gegner ausgesetzt war).
- In die Schranken treten > sich für etwas einsetzen (bezogen auf die Schranken des Turnierplatzes).
- In Harnisch geraten.
- Mit offenem Visier.
- Sattelfest sein.

Begriffe
- Aufschneiden.
- Hochtrabend.
- Höflichkeit, höflich sein > das Benehmen bei Hofe.

5.2.3.3 „Metal Knights" –
Ritter im (Heavy) Metal

„Ritter" (engl. *knight*) gehören als zur Ikonografie des Metal. In Bandnamen, Liedtiteln und -texten sowie auf CD-Booklets erscheinen Ritter und Krieger verschiedenster Art, bis hin zu Fantasy-Gestalten. Bands posieren mit Schwertern und Waffen – oft in Rüstung oder historisierender Kleidung. Viele präsentieren sich auf Fotos in mehr oder weniger authentischen Rüstungen als „Krieger" oder „Ritter" (z.B. XIV Dark Centuries, Armored Saint, Ensiferum, Gernotshagen, Siegfried, Turisas). Andere Bands karikieren dieses Image durch persiflierende eigene Fotos (z.B. Feuerschwanz, Grailknights). Ein ‚Knight in Shining Armour' war 2011 Thema eines Songs der Indie-Band Emil Bulls (D). In zahlreichen anderen Liedern wurden Ritter thematisiert. Schon in der Rockmusik der 70er-Jahre fanden sich Beispiele für das Aufgreifen mittelalterlicher Motive und Themen. Auf der LP-Hülle des Albums ‚Cucumber Castle' (1970) der Rock-/Pop-Band Bee Gees (USA) sind Bandmitglieder in spätmittelalterliche Ritterrüstungen gekleidet zu sehen. Die Jazz-Rock-Fusion-Combo Return to Forever zeigt auf der LP-Hülle von ‚Romantic Warrior' 1976 einen gerüsteten Ritter zu Pferde vor dem Hintergrund einer Höhenburg.

Viele Hard-Rock- und Heavy-Metal-Bands führen das Wort Ritter bzw. Knight im Namen, so Black Knight, eine 1981 gegründete Heavy-/Power-Metal-Band aus Kanada, oder Oblivion Knight („Vergessener Ritter"), eine 1986 gegründete US-amerikanische Melodic-Speed-Metal-Band, die ihre Themen im Fantasy-Genre fand.

Doch was ist **Heavy Metal**? Es ist die Bezeichnung für einen in den 1970er-Jahren entstandenen, inzwischen sehr differenzierten, primär von E-Gitarre und Schlagzeug geprägten Musikstil, der Wurzeln u.a. in Blues, Jazz, Klassik und Romantik hat. Darüber hinaus bezeichnet Metal eine vielschichtige, ab Mitte der 80er-Jahre zunehmend in Subgenres untergliederte Subkultur, deren Angehörige (Metalheads, Metaller), anders als in populären Subkulturen, ihrer Szene als Erwachsene oft verbunden bleiben: Metaller geben sich auch im Alltag, außerhalb der Konzerte, durch Kleidung (z.B. „Kutte", Band-Shirts; im sog. Mittelalter-Metal: Kilt), Frisur (lange Haare) und Accessoires (z.B. im Mittelalter-Metal: Methorn) als zur Szene gehörig zu erkennen.

Metal gilt als Lebenseinstellung, die Toleranz und Individualität fordert. Wichtig sind Authentizität von Musikern und Fans, wobei sich dies auf die Entstehung der Musik (Eigenkompositionen), auf deren Inhalte/Texte und Umfeld (z.B. Konzerte) bezieht. Die Musik

↑ Header der Netzpräsenz der Schweizer Heavy-Metal-Band Emerald in Form eines Burgtores, flankiert von Rittern

deckt ein Spannungsfeld von bewusst provo-
kativ-aggressiver, martialischer Attitüde bis
hin zur Melancholie ab. Texte können gesell-
schaftskritisch, sehr emotional, ironisch, auch
plakativ und aggressiv sein; erzielt werden
ehrliche, authentische, wenn auch oft symbol-
haft aufgeladene, bisweilen naiv überfrachtete
Texte. Die Genese des Metal hing zusammen
mit dem Ende der Hippie-Kultur Ende der
70er-Jahre, mit der Erkenntnis: Deren Slogan
„make love, not war" war in der konfliktrei-
chen sozialen Realität (u.a. atomare Bedrohung) nur eine Phrase. Der Metal, der sich vor-
wiegend als unpolitisch, trendunabhängig ver-
steht, zeigt bei oberflächlicher Betrachtung
eskapistische Tendenzen, doch ist Gegen-
wartsflucht fast immer symbolisch: Geschichte, „Mittelalter" und historische Orte sind
wichtige Dimensionen im Metal und der teils
überlappenden Gothic-Szene. In Kontaktan-
zeigen der Szene-Magazine suchen Leser/-in-
nen ihre/-n „Prinzen"/"Prinzessin", „Lord"
oder „Ritter"; als Interessen nennen sie Geschichte, Besichtigungen von Burgen, Schlössern und „alter Gemäuer".

In der Metal- und Gothic-Szene gibt es die
Bezeichnung **Mittelalterrock** bzw. -**metal** für
ein Subgenre, dessen Protagonisten weit häufiger in Fantasy-Kleidung „gewandet" als um
Authentizität bemüht sind. Burgen sind häufig Kulissen für Bandfotos und beliebte Festi-
val-/Konzertorte. Sie sind generell für viele
Metaller Sehnsuchtsorte, Symbole einer besse-
ren, aufrichtigeren Zeit. Sie stehen damit v.a.
in der Tradition von Burgenromantik (18./19.
Jh.) und Historismus (19./20. Jh.), doch gibt es
auch Querverbindungen zu Fantasy-Literatur
und -Filmen. Der frühere Dracula-Darsteller
Sir Christopher Lee, der auch im Film ‚Der
Herr der Ringe' nach J. R. R. Tolkien mitwirk-
te, ist mehrfach als Sänger von Metal-Bands in
Erscheinung getreten. Zudem hat er ein Me-
tal-Konzeptalbum produziert: 2010 wurde das
Symphonic Metal Album ‚Charlemagne: By the

Sword and the Cross' veröffentlicht, auf dem
sich Sir Christopher mit Themen um Kaiser
Karl den Großen auseinandersetzt.

Viele Metal-Konzeptalben sind historischen
oder fiktiven „mittelalterlichen" Themen gewidmet, z.B. das Album ‚Nibelung' der Band
Siegfried (A). Bei anderen Bands findet sich
das Thema Ritter auf vielen Ebenen: Die 1995
gegründete Metal-Band **Emerald** (CH) wollte
die Ausprägung des Heavy Metal pflegen, wie
ihn Iron Maiden, Virgin Steele oder Medieval
Steel spielten. Der Heavy Metal der 1980er-
Jahre prägt den Sound der Band, der es gelang,
einen eigenständigen, markanten Stil innerhalb der Schnittmenge von True, Power und
Epic Metal zu entwickeln. In ihren Texten behandelt die Band typische Heavy-/Epic-Metal-
Themen: Helden(tum), Schwerter, Mythologie,
doch finden sich symbolisierte Bezüge zur Gegenwart. Auf ‚Hymns To Steel' (2007) wurde
Gesellschaftskritik geübt; Songs wie ‚Empire
Of Lies' behandeln den Betrug der Gesellschaft
am Einzelnen. Unter den sechs Alben der

↑ Titelbild des Booklets des Albums 'Calling the Knights'
der Schweizer Heavy-Metal-Band Emerald

Band finden sich mehrere, auf Ritter und Burgen bezogene CD-Titelbilder. So zeigt das von ‚Hymns To Steel‘ eine Burg im Hintergrund einer Szenerie mit Kriegern, Wikingerschiffen und Geisterkriegern. Schon vorher zeigte jenes von ‚Calling the Knights‘ (2002) einen (Fantasy-)Krieger in Rüstung mit Streitaxt zu Pferde, und auf dem von ‚Forces of Doom‘ (2004) bedrohen Fabelwesen eine Wasserburg. Ein Song auf dem Album trägt den Titel ‚Shadowknight‘, ein anderer ‚Enter the Emerald Castle‘, entsprechend zeigt die Netzpräsenz der Band auf der Homepage ein Burgtor und Ritter, und ihr Fan-Club nennt sich The Emerald Knights, so wie sich die Musiker auf ihrem genannten Album bezeichneten: „We are the Emerald Knights / Warriors from the start / We are the Emerald Knights / United forever by heart" – eine typische Beschwörung einer Gemeinschaft im Heavy Metal.

Über ‚Forces Of Doom‘ urteilte Christian Plötz im Banging Impulse Fanzine: „Viele Bands reiten ja nur dem Namen nach den Retro-Esel, in Wirklichkeit ist das jedoch ein Mittelalter-Themenpark, wo industriell gebrautes Becks-Bier aus Plastik-Methörnern gesoffen wird. Bei Emerald stimmt jedoch Inhalt und Verpackung so hundertprozentig überein, dass man keine Museumstour bekommt, sondern eine rostfreie, interaktive Volldröhnung aus der Vergangenheit [...]." Und tatsächlich bekundeten die beiden Emerald-Musiker Michael Vaucher (Gitarrist, Komponist, Texter) und Thomas Vaucher (Keyboard) – Thomas ist Lehrer, Schauspieler und Autor historischer Romane (u.a. ‚Der Löwe von Burgund‘, s. www.thomasvaucher.ch) – in einem mit mir geführten Interview 2012 ihre persönliche Beschäftigung mit dem Mittelalter, Rittern und Burgen. Thomas dazu: „Das Mittelalter wird häufig [...] verklärt [...] gesehen. Als romantische Zeit mit Rittern, Ritterlichkeit etc. Für mich hat das Mittelalter diese Verklärtheit längst verloren, was es aber nicht weniger

spannend macht. Das Mittelalter ist für mich eine dunkle, brutale, zuweilen gar barbarische Zeitepoche [...]." Michael ergänzte: „Das alles nimmt man als Kind noch nicht wahr, wenn man sich für Ritter und Burgen begeistert. Trotzdem fasziniert mich diese Zeit auch heute immer noch, schwer zu erklären warum." Über Ritter sagte er: „Sie genossen [...] die beste Ausbildung und hatten das beste Material zur Verfügung. Ob sie wirklich auch so edel und moralisch perfekt waren, wie sie heute in den Filmen dargestellt werden, wage ich zu bezweifeln. Es waren auch nur Menschen, und das in einer sehr harten Zeit. Allerdings muss man sicher auch sagen, dass Ehre in dieser Zeit noch einen viel höheren Wert hatte als heutzutage."

Eine eigene Untersuchung wert wäre das Thema **Kreuzzüge und Kreuzritter im Metal**. Wohl die früheste umfängliche Auseinandersetzung mit der Thematik der Kreuzzüge stellt das Album ‚Crusader‘ der britischen Hard-Rock-Band Saxon dar. Die 2007 gegründete Black-Metal-Band **Horns of Hattin** (A), die sich als „Extreme-Epic-Metal"-Band sieht, hat als Namen den Ort einer Schlacht während des 3. Kreuzzuges gewählt; er bezieht sich auf die „Schlacht von Hattin"/"Schlacht an den Hörnern von Hattin" (engl. *Horns of Hattin*) 1187, in der ein Kreuzfahrerheer durch Truppen der muslimischen Ayyubiden unter Sultan Saladin vernichtend geschlagen wurde. Der Name der Band ist Programm: Auf ihrem Album ‚De Veritate‘ (2011) hat sie die Ereignisse der Schlacht von Hattin ebenso thematisiert wie die Belagerung Jerusalems, die Geschichte der Katharer und ihrer Burg Montségur – des Kreuzzuges gegen die Katharer – sowie Episoden aus der Geschichte der Templer.

Um Ashlar v. Megalon, einen (fiktiven) abtrünnigen Ritter des Templerordens – er erscheint als „ein ewiger Wanderer und ein

↑ Imagefoto des Komponisten, Texters und Gitarristen der Schweizer Heavy-Metal-Band Emerald, Michael Vaucher, das – bezogen auf damalige Themen der Band – in einer Burgruine aufgenommen wurde

Vampir, auf der Suche nach Antworten und einer verborgenen Wahrheit" (www.heimataerde-orden.com) – rankt sich eine von der Band **Heimatærde** kreierte Geschichte, die in mittlerweile drei Alben Niederschlag fand. Heimatærde sind eine Electro-Band. Die Musik ist eine oft düsteren Melange aus EBM, Electro, brachialer E-Gitarre, deren Einsatz vom Industrial Metal geprägt scheint, und schließlich weniger verbreiteten Instrumenten (Sackpfeife, Drehleier, Zimbel). Templer, Ungeheuer und Untote tummeln sich im Kosmos der Band. Heimatærde wurde 2004 als Projekt ins Leben gerufen, „das sich von Beginn an über die Musik hinaus mit anderen Kunstdiszipli-

nen verzahnte. Mittlerweile ist Heimatærde ein dichtes Geflecht aus Musik, visueller Kunst, Design und Erzählung. Hier wird aus vielfältigen Fäden ein Stoff gewebt, der zu einem bild-, wort-, und tongewaltigen Epos eines von Templern und Dämonen heimgesuchten Mittelalters geworden ist" (ebd.). „Auf der Bühne arbeitet die Band neben der musikalischen Darbietung mit schauspielerischen und technischen visuellen Mitteln: Die Gruppe trägt original nachempfundene Gewänder und Rüstungen [...]. Seither bringen Heimatærde ihre Show mit opernhaften Mitteln auf die Bretter" (ebd.). In diesem Zusammenhang ist von Interesse, dass sich Ash, Kopf der Band, in seiner Freizeit an „Templer-Reenactments" beteiligt.

2013 schuf Dr. Albert Bell, Dozent für Soziologie an der Universität Malta und Bassist der Doom-Bands Forsaken und Nomad Son aus Malta, sein Metal-Soloprojekt **Albert Bell's Sacro Sanctus**. Im Album-Projekt ‚Deus Volt' befasst er sich mit der Rolle zweier Ritterorden – Templer und Johanniter – während der Kreuzzüge im Kampf gegen die Fatimiden. Der historische Hintergrund wird durch eine fiktive bzw. Fantasy-Geschichte überlagert: Die Fatimiden beschwören dunkle, uralte Mächte, um die „Ungläubigen", die Christen, zu überwinden, so Albert Bell (27.6.2012). Der Albumtitel ‚Deus Volt' ist abgeleitet von dem spätlateinisch-mittelalterlichen Zitat „Deus lo vult" („Gott will es!"), dem Satz, mit dem die Zuhörer antworteten, nachdem Papst Urban II. am 27.11.1095 auf der Synode von Clermont in einer Predigt zur Befreiung Jerusalems und der dortigen christlichen Stätten aufgerufen hatte. Daraus erwuchs der 1. Kreuzzug. Im klassischen Latein würde der Satz „Deus vult" lauten. Insgesamt stellt Albert Bell's Sacro Sanctus ein Bindeglied zwischen solchen Bands dar, die sich historisch mit Mittelalterthemen befassen, und solchen, die im Sinne des Epic Metal mittelalterliche Historie als Basis für Fantasy-Stoffe wählen.

Ebenfalls aus Malta stammt die aus einem 2005 als Projekt von Alexia Baldacchino und Mark A. Tagliaferro begonnene Melodic-Metal-Band **Memento Nostri**. Daraus erwuchs Alexias Idee für ein Konzeptalbum über die Große Belagerung Maltas durch ein türkisches Heer 1565. Malta war 1530–1798 Sitz des Johanniter-/Malteser-Ritterordens, der während der Kreuzzüge eine wichtige Rolle gespielt hatte und, nachdem er 1522 von einer türkischen Armee aus Rhódos/Griechenland vertrieben worden war, 1530 in Malta eine neue Heimat fand. Von dort aus führte er den Kampf gegen die – aus seiner Sicht – „Ungläubigen", die Muslime, fort, und dort griff der türkische Sultan Süleiman der Prächtige die – aus seiner Sicht – „Ungläubigen", die Christen, 1565 an. Die Band suchte zur Vorbereitung des Albums u.a. Kontakt zu Dr. Stephen C. Spiteri, dem führenden Festungsforscher Maltas; er sollte als historischer Berater fungieren.

Neben ernsthaften Auseinandersetzungen mit Kreuzzügen als historischem Phänomen findet sich im Metal vereinzelt ein ironischer Umgang mit der Thematik. So nannte die musikalisch vielleicht am ehesten als Folk-Black-Metal-Band zu bezeichnende Truppe **Jaldaboath** (GB) ihren Stil selbstironisch u.a. als „Hammering Heraldic Metal", „Crusader-core" und „Tumultuous Teutonic Templar Thrash". Daraus wird der intelligent-respektlose Umgang mit mittelalterlichen Themen deutlich. Inspirationen zur Behandlung ihrer mittelalterlichen Themen – Templer, Kreuzzüge, Troubadoure – erhielten Jaldaboath u.a. durch Filme von Monty Python und die Comedy-Serie ‚Black Adder'. Einen ironischen Bezug zum Thema Kreuzritter/Kreuzzüge bietet auch die Band **Kneipenterroristen**: Im Song ‚Holstenritter' heißt es: „Holstenritter, das sind wir. Unser Kreuzzug gilt dem Bier, laut erschallen die Trinkerlieder. Wir singen unsere Feinde nieder."

Über die geschilderten Aspekte hinaus finden sich Verweise auf die Ritterzeit in weiteren **Bandnamen**, die Assoziationen zum Mittelalter hervorrufen (z.B. auf Burgen, s. Losse: Kleine Burgenkunde, 5. Aufl. 2014, S. 119f). Die 2008 gegründete Heavy-Metal-Band Holy Grail (USA) bezieht sich auf den Heiligen Gral, das wundertätige Gefäß, in dem der Legende nach das Blut Christi am Kreuz aufgefangen wurde. Die Legende vom Gral war im 12. Jh. Teil der Artussage. Der Name der 1986 gegründeten Progressive-Metal-Band Ivanhoe (D) bezieht sich auf die Romanfigur des Kreuzritters Sir Wilfred of Ivanhoe, Titelheld des gleichnamigen Romans von Sir Walter Scott (1820), der mehrfach verfilmt wurde. Zur Wahl des Namens teilte mir Bandmitglied Giovanni Soulas mit: „Uns hat 1986 einfach die Sache Ritter, Rüstung, Schwert, Eisen, Kampf – Heavy Metal fasziniert."

5.2.3.4 Kuriosa

In vielen Bereichen des täglichen Lebens hat sich der Begriff „Ritter" oder „Kavalier" (ital. *Cavaliere*, frz. *chevalier*) bis heute erhalten, obwohl sich der Zusammenhang für heutige Menschen nicht immer sofort erschließt. So nannte man im 20. Jh. Fahrradfahrer auch „Pedalritter", und weitverbreitet war der Begriff „Kavalier am Steuer" für höfliche, rücksichtsvolle Autofahrer.

„Kavalier der Straße"

Es wurde bereits auf die Verwendung der Begriffe „Kavalier" und „Kavalier am Steuer" im 20. Jh. verwiesen, In diesem Kontext ist ein Hinweis auf die „Arbeitsgemeinschaft Deutscher Tageszeitungen ‚Kavalier der Straße' im DVR e.V." von Interesse, einen Zusammenschluss deutscher Tageszeitungen „zur Förderung eines partnerschaftlichen Miteinanders im Straßenverkehr", die auf Basis von Vorschlägen „vorbildliche Verkehrsteilnehmer, die anderen aus einer Notlage geholfen haben, als Kavalier der Straße" auszeichnet. Der AG gehören gegenwärtig (Stand: August 2014) 53 regionale und überregionale Tageszeitungen an; sie ist Mitglied des Deutschen Verkehrssicherheitsrates und steht unter der Schirmherrschaft des Bundesverkehrsministers. Die Initiative zur Aktion „Kavalier der Straße" geht auf das Jahr 1959 zurück, als deutsche Zeitungsverlage ihren Lesern vorbildliche Verkehrsteilnehmer vorstellten, wobei die Süddeutsche Zeitung (SZ), die bereits einige Jahre zuvor eine Aktion „Kavalier am Steuer" initi-

iert hatte, die Führungsrolle übernahm und schrieb, Ziel sei „eine weitere Verbreitung jenes ritterlichen Geistes, der sich in selbstverständlicher Zuvorkommenheit und Hilfsbereitschaft aller Verkehrsteilnehmer auf unseren Straßen ausdrückt" (zit. nach swr.de vom 22.1.2010). Gründe zur Verleihung des Preises sind u.a. „Hilfeleistungen nach Verkehrsunfällen, besonders rücksichtsvolles, partnerschaftliches Verhalten im Straßenverkehr, geistesgegenwärtiges Verhalten beim Verhindern von Unfällen oder Verhinderung von Unfallflucht". Der Preis „Kavalier der Straße" wurde seit 1959 an über 65.000 Verkehrsteilnehmer/-innen verliehen. Die Geehrten erhalten Urkunde, Ehrennadel und Plakette und werden in den Mitgliedszeitungen vorgestellt.

Ritter und Eisenbahn: Warum die Briten und Züge in der Schweiz links fahren ...

Im Schweizer Bahnnetz gilt Linksverkehr nach dem Vorbild Englands, des Mutterlandes der Eisenbahn in Europa. In England fuhren Fuhrwerke „von jeher" auf der linken Straßenseite. Warum fuhren Kutschen links? „Die plausibelste Erklärung ist, dass der Kutscher auf der rechten Seite des Bocks sitzen musste, um das rechts eingespannte Leitpferd führen zu können. Im Smog der industrialisierten Städte wie London und Manchester konnte er von dieser Position aus andere Fuhrwerke nur dann rechtzeitig erkennen und an ihnen vorbeimanövrieren, wenn er links fuhr. Eine andere Theorie sagt, dass schon die mittelalterlichen Ritter das Pferd am linken Wegrand führten, damit sie mit der rechten Hand das Schwert ziehen und Angriffe abwehren konnten. Andere Forscher verweisen darauf, dass Adlige immer links aneinander vorbeigingen, um sich vom rechts kreuzenden Pöbel abzuheben. Die königstreuen Engländer hätten diesen aristokratischen Habitus in die Verkehrsregeln einfließen lassen" (Daniel Bach, in: via 1/2012, 15).

Ritter im Hotel oder: „Der Gast ist König"

Bis heute soll die Verwendung adeliger Architekturformen und -elemente Eigner (Türme, Zinnen etc.), Bewohner und Nutzer burgrezipierender Gebäude (Villen, Wohnhäuser, Gasthäuser, Hotels) symbolisch aufwerten. Gleiches gilt für Hotelgäste, denen suggeriert wird, als Gast seien sie „König". Eine simple, durchschaubare, aber offenbar effektive Methode, Status auf Zeit zu (v)erkaufen. Die gleiche Absicht ist bei der Umnutzung historischer Burgen und Herrenhäuser zu Hotels und Ferienhäusern zu unterstellen. Viele Hotelnamen suggerieren eine „Aristokratisierung" der Gäste (Beispiele: Burg-/Schlosshotel, Residenz, Imperial, Royal, Villa etc.). Türme und Zinnen sind die meistverwendeten Burgelemente an heutigen Villen und Hotels. Sie hatten bereits im Mittelalter neben fortifikatorischer Bedeutung zeichenhaften Charakter. „Bleibt eine Form losgelöst vom Zweck bestehen, lebt sie verselbständigt und monumentalisiert weiter, und wird sie gar in einen anderen Kulturzusammenhang über eine größere Epoche hinweg rezipiert, dann kann angenommen werden, daß sie nun gleichnishaft etwas vertritt und eine Bedeutung angenommen hat", meinte schon Günter Bandmann (1951).

↑ Ritterturnier in München vor Albrecht IV. von Bayern im Jahr 1500. Kupferstich von Matthäus Zasinger

6 Anhang

6.1 Personenregister

6.2 Literaturverzeichnis

ANDERMANN, Kurt: Raubritter – Raubfürsten – Raubbürger? Zur Kritik eines untauglichen Begriffs. In: Kurt ANDERMANN (Hrsg.): „Raubritter" oder „Rechtschaffene vom Adel"? Aspekte von Politik, Friede und Recht im späten Mittelalter (Oberrheinische Studien, 14). Sigmaringen 1997, S. 9–29.

ANDERMANN, Ulrich: Ritterliche Gewalt und bürgerliche Selbstbehauptung. Untersuchungen zur Kriminalisierung und Bekämpfung des spätmittelalterlichen Raubrittertums am Beispiel norddeutscher Hansestädte. Frankfurt/M. u.a. 1991.

ANGERMANN, Norbert/AUTY, Robert/BAUTIER, Robert-Henri (Hrsg.): Lexikon des Mittelalters, dtv, München 2003 ff. (9 Bde. mit Registerband, teilw. veralteter Forschungsstand; Nachdr. d. Ausg. München 1977 ff.).

ARNOLD, Udo: Deutscher Orden 1190–2000. Ein Führer durch das Deutschordensmuseum in Bad Mergentheim. Hrsg. von Maike TRENTIN-MEYER für das Deutschordensmuseum. Baunach 2004.

ARNTZ, Hans-Dieter: Ordensburg Vogelsang 1934–1945. Erziehung zur politischen Führung im Dritten Reich. Euskirchen 1986, 5., aktualisierte Aufl. Weilerswist 2006.

–"–: Ordensburg Vogelsang – im Wandel der Zeiten. Aachen 2007.

ATZBACH, Rainer: Ritter. Die militia christiana als Lebensform im Mittelalter. In: PLATZ/BEDAL 1997, S. 48–51.

ATZBACH, Rainer/LÜKEN, Sven/OTTOMEYER, Hans: Burg und Herrschaft (Ausstellungskatalog), Deutsches Historisches Museum, Berlin. Dresden 2010.

BARBER, Malcolm (Hrsg.): The Military Orders: Fighting for the Faith and Caring for the Sick. Aldershot 1994.

–"–: Die Templer. Geschichte und Mythos. Düsseldorf 2010.

BARBER, Richard/BARKER, Juliet: Die Geschichte des Turniers. Düsseldorf, Zürich 2001.

BARTH, Reinhard: Taschenlexikon Kreuzzüge. München, Zürich 1999.

BARZ, Wolf-Dieter: Der Malteserorden als Landesherr auf Rhodos und Malta im Licht seiner strafrechtlichen Quellen aus dem 14. und 16. Jahrhundert (Quellen und Forschungen zur Strafrechtsgeschichte, Bd. 5). Berlin 1990.

BAUMEISTER, Martin: Ritterlicher Kampf und Turnier – Erscheinungsformen von Gewalt im Mittelalter. In: G. Ulrich GROßMANN/Hans OTTOMEYER. Die Burg. Dresden 2010, S. 264–273.

BAUMGARTNER, Georg/SEELIG, Lorenz: Der Bayerische Hausritterorden vom Heiligen Georg 1729–1979. München 1979.

BENNETT, Matthew (Hrsg.): Kriege im Mittelalter Schlachten – Taktik – Waffen. Ostfildern 2009.

BERG, Dieter: Richard Löwenherz. Darmstadt 2007.

BLAIR, Claude: European Armour, circa 1066 to circa 1700. London 1959.

BLICKLE, Peter: Die Herrschaft des Adels 1300–1800. Gefährdung – Stabilisierung – Konsolidierung. In: Mark HENGERER/Elmar L. KUHN, in Verbindung mit Peter BLICKLE (Hrsg.): Adel im Wandel. Oberschwaben von der Frühen Neuzeit bis zur Gegenwart. Bd. 1. Ostfildern 2008, S. 45–56.

BLOCH, Marc: Die Feudalgesellschaft. Stuttgart 1999.

BÖHME, Horst Wolfgang (Hrsg.): Burgen der Salierzeit, Teil 2: In den südlichen Landschaften des Reiches (Römisch-Germanisches Zentralmuseum, Forschungsinstitut für Vor- und Frühgeschichte, Monographien, Bd. 26). Sigmaringen 1992.

BORCHARDT, Karl: The Templars in Central Europe. In: Zsolt HUNYADI/József LASZLOVSKY (Hrsg.): The Crusades and the Military Orders – Expanding the

Frontiers of Medieval Latin Christianity. Budapest 2001, S. 233–244.

–"–: The Hospitallers, the Mediterranean and Europe: Festschrift for Anthony Luttrell. Hrsg. von Karl BORCHARDT, Nikolas JASPERT und Helen J. NICHOLSON. Aldershot 2007.

–"–: Die Kreuzzüge: Ein Überblick. In: PIANA 2008, S. 32–42.

–"–: Der Johanniterorden. In: PIANA 2008, S. 60–69.

BORNHEIM gen. SCHILLING, Werner: Rheinische Höhenburgen. 3 Bde. Neuss 1964.

BORST, Arno (Hrsg.): Das Rittertum im Mittelalter. Darmstadt 1976.

BOSIO, Giacomo [Iacomo]: Dell'Istoria della Sacra Religione et Ill.ma Militia di San Giovanni Gierosolimitano. 3 Bde. Rom 1594; 2. Aufl. Rom 1629; weitere Aufl. Rom 1602; G. Faccioto. Rom 1621.

BOXLER, Heinrich/MÜLLER, Jörg: Burgenland Schweiz. Bau und Alltag. Solothurn 1990.

BRADFORD, Ernle: The shield and the sword. London 1972 (Deutsch: Kreuz und Schwert. Der Johanniter-/Malteserorden. Berlin 1972).

BRÄUER, Rolf (Hrsg.): Dichtung des europäischen Mittelalters. Ein Führer durch die erzählende Literatur. München 1990.

–"–: Der Artusroman. In: BRÄUER 1990, S. 314–315.

BROCKMANN, Eric: The two sieges of Rhodes 1480–1522. London 1969.

BROOCKMANN, Hartmut: Der Deutsche Orden. 12 Kapitel aus seiner Geschichte. München 1981.

BRUNNER, Horst: Geschichte der deutschen Literatur des Mittelalters im Überblick. Stuttgart ²2000.

BRUNNER, Karl/DAIM, Falko: Ritter. Knappen. Edelfrauen. Ideologie und Realität des Rittertums im Mittelalter. Wien, Köln, Graz 1981.

BÜRGLEN, Christoph Friederich [Verleger und Buchhändler]: Abbildungen und Beschreibung aller hoher Geistlichen, Weltlichen, und Frauenzimmer Ritter-Orden in Europa. Mit 48 Kupfern. Augsburg im Verlag Christoph Friederich Bürglen, Buchhändler. 1792.

BUGGISCH, Christian (Hrsg.): Reisen des Ritters John Mandeville vom Heiligen Land ins ferne Asien 1322–1356. Aus dem Mittelhochdeutschen übers. und hrsg. von Christian BUGGISCH. Lenningen 2004.

BULST-THIELE, Marie-Luise: Sacrae domus militiae Templi Hierosolymitani magistri. Untersuchungen zur Geschichte des Templerordens. Göttingen 1974.

BUMKE, Joachim: Ministerialität und Ritterdichtung. München 1976.

–"– (Hrsg.): Höfische Kultur. Literatur und Gesellschaft im hohen Mittelalter. München ³1986.

–"–: Geschichte der deutschen Literatur im hohen Mittelalter. München ⁵2004.

BURGTORF, Jochen/NICHOLSON, Helen (Hrsg.): International Mobility in the Military Orders. Cardiff 2006.

BUTTINGER, Sabine/KEUPP, Jan: Die Ritter. Darmstadt 2012.

CHRÉTIEN DE TrOYES: Erec et Enide, übers. und hrsg. von Albert Gier, Stuttgart 1987

CIUPKE, Paul/JELICH, Franz-Josef (Hrsg.): Weltanschauliche Erziehung in Ordensburgen des Nationalsozialismus. Zur Geschichte und Zukunft der Ordensburg Vogelsang (Geschichte und Erwachsenenbildung, 20). Essen 2006.

CURRY, Anne: Der Hundertjährige Krieg. Darmstadt ²2013.

CZAJA, Roman/SARNOWSKY, Jürgen (Hrsg.): Die Ritterorden in der europäischen Wirtschaft des Mittelalters (Ordines militares, Colloquia Torunensia Historica, XII). Torún 2003.

–"–/–"– (Hrsg.): Die Ritterorden als Träger der Herrschaft: Territorien, Städte, Grundbesitz und Kirche (Ordines Militares, Colloquia Torunensia Historica, XIII). Toru 2007.

DAUBER, Robert L.: Die Marine des Johanniter-Malteser-Ritter-Ordens. 500 Jahre Seekrieg zur Verteidigung Europas. Gnas 1989.

–"–: Der Johanniter-Malteser Orden in Österreich und Mitteleuropa. 850 Jahre gemeinsamer Geschichte. Bd. I: Hochmittelalter (12. Jhdt. bis 1291). Wien 1996 [Privatdruck].

–"–: Johanniter-Malteser-Ritter unter kaiserlichen Fahnen 1523–1918. Gnas 2007.

–"–: Classis et Castra. Marine und Seefestungen der Johanniter von Rhodos 1306–1523. Seeoperationen und Seefestungen. Gnas 2010.

DE AYALA MARTINEZ, Carlos: Die Ritterorden im Mittelalter. In: NOVOA PORTELLA/DE AYALA MARTÍNEZ 2006, S. 13–44.

DEMEL, Walter: Der europäische Adel. Vom Mittelalter bis zur Gegenwart. München 2005.

DEMURGER, Alain: Die Templer. Aufstieg und Untergang 1120–1314. München ⁴1994.

–"–: Die Ritter des Herrn. Geschichte der geistlichen Ritterorden. München 2003.

–"–: Der letzte Templer. Leben und Sterben des Großmeisters Jacques de Molay. München 2004.

DENDORFER, Jürgen/DEUTINGER, Roman (Hrsg.): Das Lehnswesen im Hochmittelalter. Forschungskonstrukte – Quellenbefunde – Deutungsrelevanz (Mittelalter-Forschungen, 34). Ostfildern 2010.

Deutsche Burgenvereinigung (Hrsg.): Burgen in Mittel-europa. Ein Handbuch. 2 Bde. Hrsg. Horst Wolfgang BÖHME/Busso von der DOLLEN/Dieter KERBER. Stuttgart 1999.

Deutscher Orden (Hrsg.): Das Ordensbuch. Die Regeln und Statuten des Deutschen Ordens. Wien 1996.

DOMANSKI, Kristina/KRENN, Margrit: Liebesleid und Ritterspiel. Mittelalterliche Bilder erzählen große Geschichten. Darmstadt 2012.

EHLERS, Joachim: Die Ritter. Geschichte und Kultur. München 2006.

ELM, Kaspar: Der Templerprozeß (1307–1312). In: Alexander DEMANDT (Hrsg.): Macht und Recht. Große Prozesse in der Geschichte. München 1996.

–"–: Umbilicus Mundi. Beiträge zur Geschichte Jerusalems, der Kreuzzüge, des Kapitels vom Hlg. Grab in Jerusalem und der Ritterorden (Instrumenta Canonissarum Regularium Sancti Sepulcri, 7). Brügge 1998.

ERKENS, Franz-Reiner: Militia und Ritterschaft. Eine Reflexion über die Entstehung des Rittertums. In: Historische Zeitschrift, 258, 1994, S. 623–659.

FENSKE, Lutz/RÖSENER, Werner/ZOTZ, Thomas (Hrsg.): Institutionen, Kultur und Gesellschaft im Mittelalter. Festschrift für Josef Fleckenstein zu seinem 65. Geburtstag. Sigmaringen 1984.

FISCHER, Robert-Tarek: Richard I. Löwenherz 1157–1199. Mythos und Realität. Wien, Köln, Weimar 2006.

FLECKENSTEIN, Josef (Hrsg.): Herrschaft und Stand. Untersuchungen zur Sozialgeschichte im 13. Jahrhundert (Veröffentlichungen des Max-Planck-Instituts für Geschichte, 51). Göttingen 1977.

–"–: Die Rechtfertigung der geistlichen Ritterorden nach der Schrift ‚De laude novae militiae' Bernhards von Clairvaux. In: FLECKENSTEIN/HELLMANN 1980, S. 9–22.

–"– (Hrsg.): Das ritterliche Turnier im Mittelalter. Beiträge zu einer vergleichenden Formen- und Verhaltensgeschichte des Rittertums (Veröffentlichungen des Max-Planck-Instituts für Geschichte, 80). Göttingen 1985.

–"–: Adel und Kriegertum im Karolingerreich. In: Josef FLECENSTEIN: Ordnungen und formende Kräfte des Mittelalters. Ausgewählte Beiträge. Göttingen 1989, S. 300.

–"– (Hrsg.): Curialitas. Studien zu Grundfragen der höfisch-ritterlichen Kultur (Veröffentlichungen des Max-Planck-Instituts für Geschichte, 100). Göttingen 1990.

–"–: Rittertum. In: LexMA, 7, 1995, S. 872 f.

–"–/HELLMANN, Manfred (Hrsg.): Die geistlichen Ritterorden Europas. Sigmaringen 1980.

–"– (unter Mitwirkung von Thomas ZOTZ): Rittertum und ritterliche Welt. Berlin 2002.

FLOCK, Christiane: Sagen und Legenden vom Rhein, Rheinbach 2012

FRALE, Barbara: The Templars. The secret history revealed. Dunboyne 2009.

FRELLER, Thomas: The Epitome of Europe. Das Bild Maltas und des Ordensstaates der Johanniter in der Reiseliteratur der Frühen Neuzeit (Mainzer Studien zur Neueren Geschichte, Bd. 8, Teil 1 und 2). Frankfurt/M., Berlin, Bern, Brüssel, New York, Oxford, Wien 2002.

FUHRMANN, Rolf: Der Deutschorden. Von Akkon bis zum Baltikum. Die Armee 1198 bis 1420 (Heere & Waffen, 6). Berlin 2008.

FUNCKEN, Liliane/FUNCKEN, Fred: Historische Waffen und Rüstungen. Ritter und Landsknechte vom 8. bis 16. Jahrhundert. München 2008.

GALBREATH, Donald/JÉQUIER, Léon: Lehrbuch der Heraldik. Lausanne 1978.

GAMBER, Ortwin: Die Bewaffnung der Stauferzeit. In: Reiner HAUSHERR (Hrsg.): Die Zeit der Staufer. Geschichte – Kunst – Kultur. Bd. 3: Aufsätze. Stuttgart u.a. 1977, S. 113–118.

GEIB, Karl: Sagen und Geschichten des Rheinlandes, 1836

GÖRNER, Regina: Raubritter. Untersuchungen zur Lage des spätmittelalterlichen Niederadels, besonders im südlichen Westfalen. Münster 1987.

GÖTTERT, Karl-Heinz: Die Ritter. Stuttgart 2011.

GRAVETT, Christopher: The Normans. Warrior knights and their castles. Botley 2007.

–"–: The world of medieval knight. New York 1996.

GREBE, Anja/G. GROßMANN, G. Ulrich: Burgen in Deutschland, Österreich und der Schweiz. Petersberg 2007

GROßMANN, G. Ulrich (Hrsg.): Mythos Burg (Ausstellungskatalog), Germanisches Nationalmuseum, Nürnberg. Dresden 2010.

–"–: Die Welt der Burgen. Geschichte, Architektur, Kultur. München 2013.

HAAG, Sabine et al. (Hrsg.): Kaiser Maximilian I. Der letzte Ritter und das höfische Turnier. Regensburg 2014.

HÄGERMANN, Dieter: Das Karolingische Imperium. Ein Resultat kriegstechnischer Innovationen? In: Zeitschrift für Technikgeschichte, 59, 1992, S. 305–317.

HANSEN, Walter: Die Ritter. Eine Reportage über das Mittelalter. Pfaffenhofen 1976 und Köln o.J.

HARTMANN, Sieglinde (Hrsg.): Kaiser Maximilian I. (1459–1519) und die Hofkultur seiner Zeit. Wiesbaden 2009.

HECHBERGER, Werner: Adel, Ministerialität und Rittertum im Mittelalter (Enzyklopädie deutscher Geschichte, 72). München 2004.

HEINEN, Franz Albert: NS-Ordensburgen. Vogelsang, Sonthofen, Krössinsee. Berlin 2011.

HIESTAND, Rudolf: Die Anfänge der Johanniter. In: Josef FLECKENSTEIN/Manfred HELLMANN (Hrsg.): Die geistlichen Ritterorden Europas. Sigmaringen 1980, S. 31–80.

HOFRICHTER, Hartmut (Hrsg.): Die Burg – ein kulturgeschichtliches Phänomen. Stuttgart 1994.

HOLLEGGER, Manfred: Maximilian I, (1459–1519). Herrscher und Mensch einer Zeitenwende. Stuttgart 2005.

HOPKINS, Andrea: Knights. London 1990.

HOUSLEY, Norman: Die Kreuzritter. Stuttgart 2004.

JÄHNIG, Bernhart: Vorträge und Forschungen zur Geschichte des Preußenlandes und des Deutschen Ordens im Mittelalter. Münster 2011.

JEZLER, Peter/NIEDERHÄUSER, Peter/JEZLER, Elke (Hrsg.): Ritterturnier. Geschichte einer Festkultur. Luzern 2014.

JOHNSON, L. Peter: Die höfische Literatur der Blütezeit (Geschichte der deutschen Literatur von den Anfängen bis zum Beginn der Neuzeit, hrsg. von Joachim HEINZLE, Bd. II/1). Tübingen 1999.

KASPER, W. u.a. (Hrsg.): Lexikon für Theologie und Kirche, Herder, Freiburg/Br. 2009 (11 Bde.).

KEEN, Maurice: Das Rittertum. München und Zürich 1987.

KELLER, Hagen: Vom Hof Karls des Großen zur „höfischen" Welt des Rittertums. Ein Blick auf das Werk von Josef Fleckenstein aus Anlaß seines 70. Geburtstages. In: Frühmittelalterliche Studien, Bd. 24, 1990, S. 23–35.

KESSLER, Hans Wolfram/KESSLER, Konrad: Ritter im Heiligen Land. Kreuzfahrerstätten in Israel. Darmstadt 2013.

KIENING, Christian/ADOLF, Heinrich (Hrsg.): Mittelalter im Film. Berlin 2006.

KITLITSCHKA, Werner: Aspekte der Burg- und Schloßbauten des Historismus. In: WAGNER-RIEGER, Renate/KRAUSE, Walter (Hg.): Historismus und Schloßbau. München 1974, S. 49-54.

KLIMEK, Stanislaus J.: Im Zeichen des Kreuzes. Die anerkannten geistlichen Ritterorden. Stuttgart 1986.

KOLLIAS, Ilias: The Knights of Rhodes. Athen 1991.

KOTZUR, Hans-Jürgen (Hrsg.): Die Kreuzzüge. Kein Krieg ist heilig. Mainz 2004. (Katalog zur gleichnamigen Ausstellung im Dom- und Diözesanmuseum Mainz, 2. April bis 30. Juli 2004.)

KRAACK, Detlev: Die Johanniterinsel Rhodos als Residenz. Heidenkampf im ritterlich-höfischen Ambiente. In: Werner PARAVICINI (Hrsg.): Zeremoniell und Raum. 4. Symposium der Residenzen-Kommission der Akademie der Wissenschaften in Göttingen veranstaltet gemeinsam mit dem Deutschen Historischen Institut Paris und dem Historischen Institut der Universität Potsdam, 25. bis 27. September 1994 (Residenzenforschung. Hrsg. von der Residenzen-Kommission der Akademie der Wissenschaften in Göttingen, Bd. 6): Sigmaringen 1997, Sigmaringen 1997, S. 215-235.

KRUSE, Holger/PARAVICINI, Werner/RANFT, Andreas (Hrsg.): Ritterorden und Adelsgesellschaften im spätmittelalterlichen Deutschland. Ein systematisches Verzeichnis (Kieler Werkstücke D: Beiträge zur europäischen Geschichte des späten Mittelalters, 1). Frankfurt/M. u.a. 1991.

KUSTER, Thomas/FRENZEL, Monika (Hrsg.): Ausstellungskatalog. Maximilian I. Triumph eines Kaisers. Ein Herrscher mit europäischen Visionen. Innsbruck 2005/06.

LABONDE, Joe: Die Templer in Deutschland. Eine Untersuchung zum historisch überkommenen Erbe des Templerordens in Deutschland. Aachen 2010.

LAUDAGE, Johannes/LEIVERKUS, Yvonne (Hrsg.): Rittertum und höfische Kultur der Stauferzeit. Köln 2006.

LE GOFF, Jacques (Hrsg.): Der Mensch des Mittelalters. Frankfurt/M. 1996.

LEHNART, Ulrich: Kleidung und Waffen der Früh- und Hochgotik. 1150-1320. Wald-Michelbach 1998.

LEIST, Friedrich: Der Königlich Bayerische Hausritterorden vom Heiligen Hubertus. Bamberg 1892.

LEONHARD, Walter: Das große Buch der Wappenkunst. Entwicklung – Elemente – Bildmotive – Gestaltung. München 2003.

LEY, Andreas: Die Villa als Burg. Ein Beitrag zur Architektur des Historismus im südlichen Bayern 1842-1968. Callwey Verlag, München 1981.

LEYENDECKER, Angelika: *Schloss Drachenburg*. Rheinland-Verlag, Köln 1979.

LILIE, Ralph-Johannes: Byzanz und die Kreuzzüge. Stuttgart 2004.

LORENZ, Christoph F.: Karl Mays ‚Der beiden Quitzows letzte Fahrten' als historischer Roman, in: Mitteilungen der Karl-May-Gesellschaft, 41/1979

LOSSE, Michael: Die Johanniter-Ordensburg bei Monólithos (Insel Rhódos) und die Ordensburg-Typen in der Ägäis (1307–1522). In: Forschungen zu Burgen und Schlössern, 6, 2001, S. 277–286.

–"–: Burgen als zentrale Orte im ägäischen Ordensstaat der Johanniter (1307 bis 1522). Zentralfunktionale

Aspekte der „Castellania" und der Ordensburgen auf den griechischen Dodekanes-Inseln und an der kleinasiatischen Küste. In: SCHOCK-WERNER/HOF-RICHTER 2001, S. 45-53.

-"-: Unternehmerburgen in der Eifel. Motive Bürgerlicher zum Erwerb und Ausbau mittelalterlicher Burgen (1815-1926). In: Uta HASSLER/Norbert NUß-BAUM (Hrsg.): Ein Haus für ein Unternehmen. Thyssen und Landsberg. Hrsg. vom Institut für Denkmalpflege und Bauforschung der ETH Zürich & der Abteilung Architekturgeschichte des kunsthistorischen Instituts der Universität zu Köln. Mainz und Zürich 2007, S. 52-67.

-"-: Burgen und Städte im ägäischen Ordensstaat der Johanniter (1306/07-1522). In: PIANA 2008, S. 467-480.

-"-: Die Kreuzritter von Rhodos. Bevor die Johanniter Malteser wurden. Ostfildern 2011.

-"-: Kleine Burgenkunde. Rheinbach ³2012.

-"-: Zwischen „Dark Fortress« und „Festung Nebelburg« - Burg, Schloß und Festung als Thema und Motiv in der (Heavy-)Metal-Szene (Arbeitstitel). Oberhausen 2015 (In Arbeit).

-"-/PIANA, Mathias: Kreuzfahrer-Burgen auf der Peloponnes und im übrigen Griechenland. In: PIANA 2008, S. 456-466.

LUDWIG, Ulrike/KRUG-RICHTER, Barbara/SCHWER-HOFF, Gerd: Das Duell - Ehrenkämpfe vom Mittelalter bis zur Moderne. Konstanz 2011.

LUTTRELL, Anthony: The Hospitallers in Cyprus, Rhodes, Greece and the West. Collected Studies. London 1978.

-"-: The Hospitallers of Rhodes and their Mediterranean World. Hampshire-Brookfield 1992.

MAP, Walter: De nugis curialibus, hrsg. und übers. von Montague Rhodes James (Oxford Medieval Texts), Oxford 1983, 2

MARTIN, Paul: Waffen und Rüstungen. Von Karl dem Großen bis zu Ludwig XIV. Frankfurt/M. 1967.

MAYER, Hans-Eberhard: Die Geschichte der Kreuzzüge. Stuttgart, Berlin, Köln 9/2000.

MEYER, Heinz: Geschichte der Reiterkrieger. Stuttgart, Berlin, Köln, Mainz 1982.

MEYER, Werner: Deutsche Ritter, Deutsche Burgen. München 1990.

MGHConstitutiones et acta publica imperatorum et regnum II, hrsg. von Ludwig Weiland, Hannover 1896, Nr. 106, 134

MILITZER, Klaus: Die Geschichte des Deutschen Ordens. Stuttgart 2005.

MILLER, Douglas/EMBLETON, Gerry: The Swiss at War 1300-1500, Oxford 1979

NAPP, Anke: Templermythen - und was dahinter steckt. München 2010.

NICHOLSON, Helen: The Knights Hospitaller. Woodbridge 2001.

NICOLLE, David/HOOK, Christa: Knight of Outremer AD 1187-1344 (Warrior, 18). Westminster 1996.

-"-/-"-: Die Ritter des Johanniterordens 1100-1565. St. Augustin 2004 (engl. Orginalausg.: Knight Hospitaller [1] 1100-1306. Oxford 2001; Knight Hospitaller [2] 1306-1565. Oxford 2001).

-"-: Carolingian Cavalryman AD 768-987 (Warrior, 96). Oxford 2005.

NIMMERGUT, Jörg: Orden Europas. 4., völlig überarbeitete, erweiterte und neu bewertete Aufl. München 2007

NOVOA PORTELLA, Feliciano/DE AYALA MARTÍNEZ, Carlos (Hrsg.): Ritterorden im Mittelalter. Darmstadt 2006.

-"-/VILLALBA RUIS DE TOLEDO, F. Javier (Hrsg.): Ritterorden im Mittelalter. Darmstadt 2006, S. 195-226.

-"-/VILLALBA RUIS DE TOLEDO, F. Javier: Die Krankenpflege und Armenfürsorge der Ritterorden. In: NOVOA PORTELLA/DE AYALA MARTÍNEZ 2006, S. 195-226.

NOWAK, Zenon Hubert (Hrsg.): Das Kriegswesen der Ritterorden im Mittelalter (Ordines militares. Colloquia Torunensia Historica, VI). Toru 1991.

-"- (Hrsg.): Die Spiritualität der Ritterorden im Mittelalter (Ordines militares. Colloquia Torunensia Historica, VII). Toru 1993.

-"-/CZAJA, Roman (Hrsg.): Vergangenheit und Gegenwart der Ritterorden. Die Rezeption der Idee und die Wirklichkeit (Ordines militares. Colloquia Torunensia Historica, XI). Toru 2001.

NUSSER, Peter: Deutsche Literatur im Mittelalter. Lebensformen, Wertvorstellungen und literarische Entwicklungen. Stuttgart 1992.

OAKESHOTT, Ewart: A knight in battle. Dufour Editions, Chester Springs, Pa. 1998 (Nachdruck der Ausg. London 1971).

PARAVICINI, Werner: Die ritterlich-höfische Kultur des Mittelalters (Enzyklopädie deutscher Geschichte, 32). München ²1999.

PATZE, Heinz: Die Burgen im deutschen Sprachraum. Ihre rechts- und verfassungsgeschichtliche Bedeutung. 2 Bde. Stuttgart 1976.

PIERZAK, Jacek: Mittelalterliche Topfhelme auf polnischem Boden im Hinblick auf Westeuropa. In: Recherches Archéologiques. NS 1, 2009, S. 629-640.

PIANA, Mathias (Hrsg.): Burgen und Städte der Kreuzzugszeit (Studien zur internationalen Architektur- und Kunstgeschichte, 65). Petersberg 2008.

PIPER, Otto: Burgenkunde. Bauwesen und Geschichte der Burgen (Nachdruck der verbesserten und erweiterten 3. Aufl. von 1912). Frankfurt/N., München 1967.

PLATZ, Kai Thomas/BEDAL, Konrad (Hrsg.): Ritter, Burgen und Dörfer. Mittelalterliches Leben in Stadt und Land. Gebietsausschuß Fränkische Schweiz. Tüchersfeld 1997 (Ausstellungskatalog).

POHANKA, Reinhard: Das Rittertum. Wiesbaden 2011.

PRIETZEL, Malte: Krieg im Mittelalter. Darmstadt 2006.

-"-: Kriegführung (Spätmittelalter). In: Historisches Lexikon Bayerns. URL: http://www.historisches-lexikon-bayerns.de/artikel/artikel_45765 (23.1.2012).

PRUTZ, Hans: Die Geistlichen Ritterorden. Ihre Stellung zur kirchlichen, politischen, gesellschaftlichen und wirtschaftlichen Entwicklung des Mittelalters. Berlin 1908 (Nachdruck Berlin 1977).

RATHKE, Ursula: Preußische Burgenromantik am Rhein: Studien zum Wiederaufbau von Rheinstein, Stolzenfels und Sooneck (1823-60). München 1979.

REITZENSTEIN, Alexander von: Rittertum und Ritterschaft (Bilder aus deutscher Vergangenheit, 32). München 1972.

RILEY-SMITH, Jonathan: The Knights of St. John in Jerusalem and Cyprus c. 1050-1310 (A history of the Order of the Hospital of St. John of Jerusalem, General Ed.: Lionel BUTLER, Vol. I). London 1967.

-"- (Hrsg.): Großer Bildatlas der Kreuzzüge. Freiburg, Basel und Wien 1992.

-"-: Hospitallers. The History of the Order of St. John. London und Rio Grande 1999.

RÖSENER, Werner: Zur Problematik des spätmittelalterlichen Rittertums. In: Helmut MAURER/Hans PATZE (Hrsg.): Festschrift für Berent Schwineköper. Zu seinem siebzigsten Geburtstag. Sigmaringen 1982, S. 469-488.

RUNCIMAN; Steven: Geschichte der Kreuzzüge. München 1989 (engl. Originalausg.: A History of the Crusades. Cambridge University Press 1950-54; 1. dt. Ausg. in 3 Bde.: 1957 [1.-5. Buch], 1958 [6.-10. Buch], 1960 [11.-15. Buch]).

SARNOWSKY, Jürgen: Macht und Herrschaft im Johanniterorden des 15. Jahrhunderts. Verfassung und Verwaltung der Johanniter auf Rhodos (1421-1522) (Vita regularis. Ordnungen und Deutungen religiösen Lebens im Mittelalter, 14). Münster/Westfalen 2001.

-"-: Der Deutsche Orden. München 2007.

-"-: Die Templer. München 2009.

SCAGLIONE, Aldo: Knights at Court: Courtliness, Chivalry, and Courtesy from Ottonian Germany to the Italian Renaissance. Berkeley 1991.

SCHLIEPMANN, Hans: Betrachtungen über Baukunst. Berlin 1891.

SCHLUNK, Andreas/GIERSCH, Robert: Die Ritter. Geschichte, Kultur, Alltagsleben. Stuttgart 2003 (Katalog zur gleichnamigen Ausstellung: Historisches Museum der Pfalz, Speyer, 30.3.-16.10.2003).

SCHOCK-WERNER, Barbara/HOFRICHTER, Hartmut (Hrsg.): Zentrale Funktionen der Burg. Braubach 2001.

SCHOLZEN, Reinhard.: Franz von Sickingen. Ein adeliges Leben im Spannungsfeld zwischen Städten und Territorien. Kaiserslautern 1996.

SCHREIBER, Hermann: Preußen und Baltikum unter den Kreuzrittern. Die Geschichte des Deutschen Ordens. Gernsbach 2003.

SCHRÖDERS, Michael: Eine Revolution unseres gesamten Geschichtsbildes? Erich Maschke, die NS-Geschichtsideologie und die politische Schulung in Ordensburgen der NSDAP. In: Geschichtsverein des Kreises Euskirchen (Hrsg.): Nationalsozialismus im Kreis Euskirchen. Euskirchen 2011.

SCHWEIKLE, Günther (Hrsg.): Walter von der Vogelweide. Werke, Bd. 2: Lyrik. Mittelhochdeutsch/neuhochdeutsch. Stuttgart 2006.

SIEURG, Heinz: Literatur des Mittelalters. Berlin 2010.

SONTHOFEN, Wolfgang: Der Deutsche Orden. 800 Jahre Geschichte. Freiburg/Br. 1990.

SPITERI, Stephen C.: Fortresses of the Cross. Hospitaller Military Architecture (1136-1798). Valletta (Malta) 1994.

-"-: Fortresses of the Knights. Hamrun (Malta) 2001.

-"-: Armoury of the Knights: A Study of the Palace Armoury – It's Collection and the Military Storehouses of the Hospitaller Knights of the Order of St. John. Malta 2013.

STANG, Knut: Ritter, Landsknecht, Legionär. Militärmythische Leitbilder in der Ideologie der SS. Frankfurt/M. u.a. 2009.

STEKL, Hannes: Schlösser als Machtsymbole. In: WAGNER-RIEGER, Renate/KRAUSE, Walter (Hg.): Historismus und Schloßbau. München 1974, S. 187-194.

STILLFRIED, Rudolf Graf von/HAENLE, Siegfried: Das Buch vom Schwanenorden. Berlin 1881.

Templerlexikon
> www.templerlexikon.uni-hamburg.de.

TUMLER, Marian: Der Deutsche Orden im Werden, Wachsen und Wirken bis 1400. Mit einem Abriß der Geschichte des Ordens von 1400 bis zur neuesten Zeit. Wien 1954.

VERBRUGGEN, J. F.: The Art of Warfare in Western Europe. Woodbridge 1998.

vogelsang ip gemeinnützige GmbH (Hrsg.): „Fackelträger der Nation". Elitebildung in den NS-Hochburgen. Köln 2010.

VOLGGER, Ewald (Hrsg.): Die Regeln des Deutschen Ordens in Geschichte und Gegenwart. Deutschordens-Verlag. Lana 1985.

WAAS, Adolf: Geschichte der Kreuzzüge. Freiburg/Br. 1957.

WALDBURG-WOLFEGG, Hubert Graf von: Der Orden auf Malta. In: Adam WIENAND (Hrsg.): Der Johanniter-Orden – Der Malteser-Orden. Der ritterliche Orden des hl. Johannes vom Spital zu Jerusalem. Seine Aufgaben, seine Geschichte. Köln 1970, ³1988, S. 191–225.

WEIß, Dieter J.: Die Ritterorden. In: Walter BRANDMÜLLER (Hrsg.): Handbuch der bayerischen Kirchengeschichte. 1. Bd., 2. Teil: Von den Anfängen bis zur Schwelle der Neuzeit. Sankt Ottilien 1998, S. 599–619.

–"–: Ritterorden, in: Historisches Lexikon Bayerns [HLB]: http://www.historisches-lexikon-bayerns.de/artikel/artikel_45453

WIENAND, Adam (Hrsg.): Der Johanniter-Orden – Der Malteser-Orden. Der ritterliche Orden des hl. Johannes vom Spital zu Jerusalem. Seine Aufgaben, seine Geschichte. Köln 1970; ³1988.

–"–: Die Johanniter und die Kreuzzüge. In: WIENAND ³1988, S. 32–103.

–"–: Der Orden auf Rhodos. In: WIENAND ³1988, S. 144–193.

WIESFLECKER, Hermann: Kaiser Maximilian I. 5 Bde. München 1971–86.

–"–: Maximilian I. Die Fundamente des habsburgischen Weltreiches. Wien und München 1991.

WILLIAMS, Alan: The knight and the blast furnace. A history of metallurgy or armour in the middle ages and the early modern period. Leiden 2003.

WILSON, David M.: Der Teppich von Bayeux. Frankfurt/M. und Berlin 1985.

WOLF, Dieter H. (Hrsg.): Internationales Templerlexikon. Innsbruck 2003.

WOLFF, R. L./HAZARD, H. W. (Hrsg.): The later Crusades, 1189–1311. A History of the Crusades. Vol. II. Madison/Wisconsin 1969.

ZEUNE, Joachim: Burgen – Symbole der Macht. Ein neues Bild der mittelalterlichen Burg. Regensburg 1996.

ZIEGLER, Uwe: Kreuz und Schwert. Die Geschichte des Deutschen Ordens. Köln 2003.

ZIMMERLING, Dieter: Der Deutsche Ritterorden. Düsseldorf 1988.

6.3   Abbildungsnachweis

Archiv Deutsche Burgenvereinigung
108

Emerald, Band
S. 113, S. 114

Losse, Michael
S. 18, S. 21, S. 29, S. 64, S. 69,

Museum zu Allerheiligen Schaffhausen
S. 45, S. 46

National-Bibliothek Paris, Medaillonkabinett
S. 11

Regionalia Verlag, Archiv
S. 8 oben: Original in der Universitätsbibliothek Heidelberg, histor. Reprod., S. 15 (wie S. 8), S. 17 (wie S. 8), S. 25 beide (wie S. 8), S. 32 rechts: Kultur- und Sittengeschichte aller Zeiten und Völker, Bd. 7, Wien Hamburg Zürich 1926, S. 33 links (wie S. 8), S. 33. rechts (wie S. 32 rechts), S. 33 links (wie S. 8), S. 36 beide, S. 37 unten, S. 38 und 39, S. 43 (Die Welt in Waffen I., Leipzig und Berlin 1887), S. 47 (wie S. 8), S. 48 (wie S. 8), S. 63 (wie S. 43), S. 74 (wie S. 8)

Sonstige, gemeinfrei
S. 8 unten, S. 13, S. 14, S. 26, S. 27, S. 30 beide, S. 25 links, S. 31 rechts oben, S. 41, S. 50 und 51, S. 87, S. 89 beide, S. 90, S. 91, S. 101

Sonstige, historische Darstellungen entnommen aus:
S. 20 beide: Alwin Schultz: Das höfische Leben zur Zeit der Minnesinger, 2 Bde., Leipzig 1989 (Nachdruck der Ausg. Osnabrück 1965, Bd. 1), S. 34: Otto Piper: Burgenkunde, München 1912 (Nachdruck der 3. Auflage, Augsburg 1993), S. 35 rechts Mitte: Meyers Konversations-Lexikon 1907, S. 54 links: Hermann Fautz: Die Schenkenburg und die Herrschaft Schenkenzell, Der Burgstall und das Schlößle bei Schenkenzell. Die Ruine Wittichenstein, Schiltach 1954, S. 55 (wie S. 34)

Vaucher, Sonja
S. 116

Wikimedia commons
S. 6 oben (Brunswyk), S. 6 unten (Roby), S. 9 (Wolpertinger), S. 10 (Stefan Erdenkäufer), S. 19 (Womse), S. 23 und 24 (SuguriF), S. 35 rechts unten (Kristov15), S. 37 beide oben (o.A.), S. 40 (o.A.), S. 44 (Dark Avenger), S. 54 rechts (GJo), S. 66 (o.A.), S. 71 (Hinterkappelen), S. 97 (o.A.), S. 119 (o.A.)

Ebenfalls im Regionalia Verlag erhältlich